微利管理

微利时代，传统企业如何向管理要利润？

刘靖◎著

SPM
南方出版传媒
广东经济出版社
·广州·

图书在版编目（CIP）数据

微利管理 / 刘靖著. —广州：广东经济出版社，2016.7
ISBN 978-7-5454-4609-8

Ⅰ. ①微… Ⅱ. ①刘… Ⅲ. ①企业管理—研究 Ⅳ. ①F270

中国版本图书馆CIP数据核字（2016）第130157号

出版发行	广东经济出版社（广州市环市东路水荫路11号11～12楼）
经销	全国新华书店
印刷	北京雁林吉兆印刷有限公司（北京市密云县十里堡镇红光村47号）
开本	787毫米×1092毫米 1/16
印张	14.5
字数	222 000
版次	2016年7月第1版
印次	2016年7月第1次
书号	ISBN 978-7-5454-4609-8
定价	42.00元

如发现印装质量问题，影响阅读，请与承印厂联系调换。
广东经济出版社常年法律顾问：何剑桥律师

利润，企业的生命线

企业要发展，利润增长是必由之路

实现利润倍增，企业经营者必须掌握精准的成本控制方法和有效的利润管理手段。

面对竞争越来越惨烈、利润越来越低薄的经营局面，企业经营者也越来越体会到生存的重要。要在激烈的市场竞争中生存下去，或者还奢望得到发展，没有利润支撑，是不可能的。

2015 年年底，我应邀给宁夏回族自治区固原市三十多位董事长讲授“如何提升企业竞争力”课程。那些在商海打拼多年的董事长，对企业居高不下的成本和薄如纸翼的利润空间，表示非常的无奈。在他们看来，利润，是企业生存与发展的命脉。而且，不仅中小企业如此，大型企业也遇到同样的问题。

因此，通过加强内部管理控制成本、堵塞漏洞，充分挖掘有限的利润，是企业发展的必由之路。

为什么企业要大张旗鼓谈利润?

在听培训课程或读管理方面书籍时，我们会感受到很强的“发展”信号。那些讲师和作者，都在大谈企业的发展与强大，让人感觉他们的理念高端、大气、上档次。然而事实上，也正是那些貌似“高、大、上”的理念，将一些胸怀“理想和美梦”的企业经营者送上“关门大吉”的绝路。

如果把“高、大、上”的发展理念比喻为对企业“锦上添花”的话，利润就是企业赖以生存和发展的基础。没有基石，何谈发展呢!

我在近几年连续出版7部管理书籍，而真正从现场管理和成本、利润角度进行深入论述的，只有这本《微利管理》和2013年出版的《适用的才是最好的：中小企业管理之道》。起因是，近些年为众多企业管理干部讲授管理技能类课程，足迹遍布广东省诸多的日资、英资、港资、台资企业和江浙沪的中国500强，以及其他省份的众多央企、国企、民营企业，在培训与咨询中，我发现一个带有规律性的问题：重销售轻生产管理的“怪异”现象，不论是在大中型企业还是在小微企业，几乎普遍存在。

企业的利润空间来自“开源”与“节流”。拓展市场增加订单，虽然是明智之举，但如果不做好内部控制，将浪费消灭在管理过程中，那些辛辛苦苦拓展的市场和耗费精力增加的订单，就会成为无本之木、无源之水。那样的话，就算市场拓展再大，拿到的订单再多，企业的最终结果也只是白忙、瞎忙，得不到满意的利益回报。

微利时代，企业的经营压力和面对的挑战，远大于发展的机遇。“开源”的困难度将越来越大。企业要生存、要发展，必须把“节流”文章做深、做透、做精、做出成效，以期得到更多的利润。

国内超过70%的规模型企业，只要在内部管理上多下一些工夫，在现有规模基础上控成本、堵漏洞、减浪费，就可以轻松挖掘30%的利润空间。如果实施适用、有效的精细管理和适用式管理，达成“利润倍增”目标也一定能实现。

企业要走出"生意红火、效益不佳"的怪圈

在不明真相的人看来，那些一年四季订单不断，员工辛勤的企业，老板一定很赚钱。其实未必。可能有的企业，老板是在"赔钱赚吆喝"。

我在《适用的才是最好的：中小企业管理之道》一书中，写了广东省一家生产陶瓷制品的美资企业。老板实力雄厚，仅在广东就有几家上千人的工厂，生产丝花和电子产品。陶瓷厂以生产花盆、花插、花瓶等产品为主，为丝花工厂产品做配套。老板是批发商，有自己的销售渠道。陶瓷制品厂不但一年四季订单不断，而且订单价格在同行业处于绝对优势。

就是这样占有诸多市场优势和硬件优势的企业，由于内部管理不善，漏洞多，每年亏损上百万元。

制造业如此，其他行业也存在类似现象。

珠江三角洲（以下简称"珠三角"）有一家贸易公司，由于ERP（Enterprise Resource Planning，企业资源计划）管理出现漏洞，结果被一位资深业务员暗中修改订单价格，与产品供应商合伙欺骗公司，为自己赚取了巨额回扣。

这几年"关门大吉"的企业很多。除了市场和资金因素造成的困扰外，其中不乏因管理问题造成成本过高，利润低薄，最终倒闭的企业。

企业的利润高低，和所接订单价格没有绝对的关系。赢利的企业，大多善于在内部管理方面加强自己。

如果您的企业已经陷入"生意红火、效益不佳"的怪圈，那就请您认真读读这本《微利管理》吧！

企业家，别让"卓越理念"误导您

有些讲品质管理课程的年轻讲师，由于对企业了解不够，常常使用一些"高端、大气、上档次"的时尚管理理念忽悠学员。他们把授课内容推向极端，把提高产品质量说得极其重要。的确，如果单从理论层面衡量质量问题，我们会觉得那些观点是卓越的。殊不知，正是那样貌似卓越的观点和理念，有时却成为误导学员的元凶。

2014 年 8 月底，我应邀去呼和浩特给一家公司讲授“生产管理与现场改善”课程。讲到质量管理部分时，有学员分享他的认识：“品质越精良，对企业越有利。”持这样观点的企业管理人员不在少数。

这就是理念的误区。我告诉学员，应该辩证看待“质量”问题。如果企业在产品定位方面走的是精品路线，客户下的订单价格高，工厂的品质一定要精良；相反，如果企业的产品定位是中低端路线，客户也已定型，企业就要慎重对待这个问题。对走中低端路线的企业来说，生产线把品质做得非常精良，势必造成质量浪费。客户满意度高，公司却没有利润。这是投入和利润回报的“剪刀差”。

我倡导创立“适用式管理模式”，并不是要和西方科学管理和日本精益管理唱反调，而是要让管理能在本土企业落地开花，让企业真正得利润、出效益、促发展。

堵住利润流失的漏洞

企业不论规模大小，都存在漏洞，只是漏洞大小和程度不同而已。

漏洞多，企业经营成本就高，利润就低。能从“堵漏洞”中挽回的成本，是百分之百的利润。

我曾在外资企业从事中高层管理工作 13 年，主导过从几百人到上万人不等的生产现场，对企业管理现状知之甚深。不少企业，浪费现象相当严重。许多本该控制到位的成本，由于操作员成本意识欠缺或管理者控制成本的技能不够，致使浪费问题严重制约企业的利润获取和发展前景。

制造业如此，其他行业亦如此。企业的漏洞存在于许多方面。如何发现漏洞，堵塞漏洞，考验的是企业经营者的智慧和管理者的水平。

本书将从不同角度介绍堵塞漏洞的方法和案例，供读者借鉴、参考。

找到提高利润的方法

浙江温州的中小企业数量颇多，但在利润获取方面，大多数企业表示不尽如人意。为帮助中小企业提高利润率，扶植企业健康发展，2015 年，经济和信息化局（以下简称“经信局”）与北京航空航天大学温州研究院联合举办企业家训练营。10月底，我受邀为训练营百余位企业家讲授第12期课程，课题是“中小企业生产效率提升与成本降低”。企业要提高利润，降低成本和提高效率是重要的管理要素。

为了更好地帮助中小企业提高利润，经信局和北京航空航天大学温州研究院的领导多次与我交流，希望我少讲理论，多讲一些提高效率、降低成本的方法，能切实帮助企业提高利润。

由此可见，利润对于企业是何等重要。那么，怎样才能找到提高企业利润的方法呢?

本书将从减少浪费、提高效率、控制成本、降低损耗、消除隔阂、堵塞漏洞、扫清障碍、优化流程、加强管理、计划控制、提高人员和物料利用率等多角度进行分析解读，帮助读者寻找切实可行的提高利润的工作方法和管理手段。

我认为，最好的方法，莫过于提高员工的综合素养和管理干部的现场控制技能，从强化成本观念和更新管理措施入手，真正在源头和过程中解决浪费问题。

微利时代，实现利润最大化，不是一蹴而就的事情，而是经年累月坚持不懈的管理行为。本书的写作定位是适用、实效，为微利时代企业利润倍增提供切实可行的指引。受水平所限，书中难免会有不当之词或谬误之处，恳请读者和业界高人批评指正。

刘靖

目录

06 掌握倍增企业利润的 36 计

01

微利时代，
企业面临的问题

在我走访和培训过的诸多企业中，虽然具体情况各不相同，但都有一个极相似的现象——企业老板和高层领导都在倾诉“利润越来越低薄，经营越来越困难”的问题。

的确，制约中国企业利润获取和提高的因素有很多。既有观念保守导致的管理模式落后造成的利润低薄，也有因管理技能不足造成的管理效果差导致的发展瓶颈，还有因管理干部缺少创新意识和不注重培养员工导致的效率和技术局限，以及糟糕的企业文化造成的发展后劲不足等一系列问题。

如何在市场拓展日趋困难、成本不断攀升、利润空间越来越小、管理难度越来越高的现实情况下，实现企业利润倍增，是本书重点探讨的问题。

利润低薄，企业生存难

2014 年 9 月中旬，作为管理咨询专家，我深入华南地区一家经营了 26 年的企业调研。这是一家军工转制企业，在同行业中具有较高的知名度和美誉度，仅获得的各种各样的荣誉证书、奖杯和象征荣誉的匾额等就摆满了一个柜子。其中一个奖杯，还是参加神舟飞船零部件研发时获得的。

这样一个厂房宽敞、办公楼高大明亮、机器设备和技术在同行业领先的翘楚型企业，这几年却年年亏损。总经理告诉专家组：2013 年，该公司亏损竟高达 600 万元之巨。

总经理还提到这样一个细节："20 年前，我们公司很多的电子元件，1 个卖 1 块钱左右。同样的元件，现在只卖几分钱。"产品价格从 1 元左右下滑到几分，这是什么概念？

其实，不只是这一家企业如此，90% 以上从事 IT 生产的厂家都面临着价格下滑的问题。广东省一家生产微波炉的大型企业，年产微波炉 2500 万台左右，总利润在 1 亿元上下徘徊。也就是说，1 台微波炉的利润只有大约 4 元人民币。为提升利润率，该企业向咨询机构求助，寻求管理变革之道。

进入 21 世纪后，企业管理发生了巨大的变化。企业领导者们都在努力适应这种巨变，企图在"变"中求生存。作为企业的重要组成部分，生产线尤其要跟上企业领导者的思维和脚步，转换管理理念，充当"应变"的主力军。

企业高利润的时代早已过去

在国内家电市场销量首次出现下滑时，不少厂家纷纷打出了降价牌，海尔却逆流而动，将产品合理涨价。张瑞敏抓住了消费者的心理，因此海尔产品销量增长，利润倍增。这种“逆流而动”的做法，让海尔和张瑞敏成为佳话。

现如今，海尔也在采用各种降价促销的方式迎合市场。这说明，海尔是在按照市场规律做事，不是一成不变的。

应该说，这个世界上唯一不变的就是“变”。企业管理也是一样的道理，变则通，不变则不通。“以变应变”是恒久不衰的管理哲学。

面对瞬息万变的经济现状，落后企业的经营管理者们墨守成规、不知变通，思想观念、思维模式、经营策略、营销方式、生产管理、产品类型、生产工艺等的一成不变，带来的结果必然是思维越来越保守，管理越来越落后，工艺越来越落伍，成本越来越高，销路越来越窄，利润越来越少……最终必然被淘汰。

专家建议

对企业领导者来说，“以变应变”是永恒不变的管理之道。

经济下行，企业获利要“以变应变”

小马过河的寓言故事大家一定都不陌生。自从妈妈告诉小马“盐遇到水会溶解”之后，小马每次都故意往河水深处走，减轻身上包裹的重量。结果有一次，主人让小马驮的是棉花，但小马不知应变，仍然采用了之前的做法，结果包裹越来越沉，终于，小马累得撑不住了，最终累死在了河里。

其实企业经营管理也是一样的道理。在世界经济处于下行趋势时，制造业更应该学会以变应变，掌握主动权，在“变”中寻找成长与发展的出路。作为制造业重要组成部分的生产现场，应该成为企业“以变应变”的主力军。

1. 管理方式“应变”

许多中小企业的生产现场，还处于“经验式管理”阶段。经济繁荣时期，这种管理模式的问题不容易暴露出来，一旦到经济下行时期，各种问题就会演变成生存危机，因此，要及时对传统的管理方式进行调整和变通。

下面分享一个案例，看看中小企业生产现场是怎样进行管理方式“应变”的。

2008年的金融危机，曾让许多珠三角地区的中小企业经营者不寒而栗。一家生产橡胶制品的工厂，车间采用的是传统的“经验式管理”，生产效率低下，场地利用率低，人工成本偏高，车间摆放混乱。总经理为了不让这家工厂在“经济寒冬”中倒下去，主动与我就职的企业管理咨询机构合作，坚决改变落后的管理面貌。

针对该企业生产中存在的诸多问题，我们决定从推行“7S”（即整理、整顿、清扫、清洁、素养、安全、节约）入手，在现场实施规范化、目视化管理。意料之中，“7S”管理有效解决了“车间摆放混乱、场地利用率低”的问题。车间的“规范化、目视化”管理推行初见成效。

初战告捷后，紧接着是强化生产计划控制，实施激励措施，解决“生产效率低下、人工成本偏高”的问题。

该公司原来的生产模式是计时工资与定量生产相结合。也就是给适合定量生产的岗位规定数量，完成规定的数量后才可以下班。因为车间干部不懂得计算“产能”，规定数量一般是以前一天的产量为参照数据。员工害怕当天生产数量多了，第二天干部会给他们增加定量，所以在工作中尽量采用“磨洋工”的方式应付管理干部。

找到“生产效率低下”的原因后，我让生产课长进行科学测算，并教给他计算“标准产能”的方法。

以“截断”工序为例。为了计算“截断”工序的“标准产能”，我让生产课长亲自操作一台截断机，按照正常工作标准操作，并安排一名统计员，对生产课长截出的产品数量如实、详细记录。结果，生产课长操作截断机一共3个小时，截出产品总数量为690PCS。而在相同岗位工作两年多的老员工，按照操作标准3个小时才生产出360PCS。也就是说，生产课长截断产品的效率，要比那个两年多工龄的老员工高出近1倍。

按道理说，生产课长平时多忙于车间管理事务，重新操作截断机需要再次熟练的过程，他的效率应该比长期操作截断机的老员工要低一些。结果恰恰相反。由此可以说明，那位老员工根本没有发挥正常操作水平。

我让统计员将生产课长截出的产品总数量除以3，得出1个小时的产量230PCS，这就是那个品号产品在“截断”工序生产的标准产能：230PCS/小时。

“截断”工序的“标准产能”计算出来了。我和生产课长商量，按照标准产能，规定截断工序各个岗位的产量。原来规定产量的计算方式为120PCS/小时，乘以每天上班的时数，就是当天规定的产量。例如，每个员工当天工作10小时，产量规定为：

120PCS×10小时＝1200PCS

也就是说，操作截断工序的员工，每天生产1200PCS产品，就能得到8个小时的正班工资和2个小时加班费。

由于经过实际测算得出的“标准产能”远高于生产定量，公司开始重新规定截断工序的产量。按照以前的计算方式，每个员工当天工作10小时，乘以标准产能230PCS/小时，新的产量规定应为2300PCS。

新的定量比原来提高了将近1倍。为了防止个别员工反弹，我安排生产经理全力配合课长推行新的定量标准。先让课长现场操作，让所有的截断工序员工观看并硬性规定：第一天完不成定量的，按照实际完成数量除以标准产能计算当天的工资；第二天完不成定量的，除了按照实际完成数量除以标准产能计算当天的工资外，还要给予记小过处理；第三天完不成定量者，给予开除处理。对超额完成者，超额部分按照150PCS/小时计算加班费。

计算方法为：

某员工当天工作10小时，只完成1840PCS产品，以此计算：

1840PCS÷230PCS＝8小时

该员工只能拿到8个小时的工资，另外2个小时，因为没有按照规定做出相应的产品，所以没有工资。规定下去后，我让生产经理和生产课长细心观察截断工序员工的动向，随时做好应对准备。

第一天，有2个员工没完成定量，公司按照规定给他们计算当天的工资。

第二天，只有1名员工没完成定量，另有2名员工超额完成任务。生产经理和课长非常兴奋，按照规定给没完成定量的员工计算当天的工资，并给予记小过处理。超额完成任务的2名员工，超额部分按照150PCS / 小时计算加班费。我让生产经理给超额完成任务的2名员工通报嘉奖，并请他们介绍经验。截断工序的员工积极性被调动起来了，纷纷表示“明天一定超额完成”。

第三天，不但所有截断工序的员工都完成了规定产量，而且三分之二的员工超额完成。产量最高的达到2850PCS。

产量提升起来后，考虑到生产平衡问题，我让生产课长对人员重新进行调整，将截断工序12名员工减少为6名。

此方式在截断工序取得成功后，公司又在丝印、烤花、贴标等工序推广，不但大大提高了工作效率，还最大限度地提高了人力利用率，降低了人工成本。

专家建议

在提升生产效率方面，干部的管理方法远比“勤劳”和“汗水”重要。

2. 产品研发“应变”

有不少中小企业，在产品研发方面缺少相应的应变能力。一旦遇到现有的产品销路出现问题，或者因制作成本太高造成利润减少时，不是怨天尤人，就是被动“等死”，不能采取措施及时应对。

在市场不景气、销路下滑、成本攀升时，如果能在产品研发方面采取良好的“应变”措施，也是应对经济下行的绝妙方法。

来看一个港资企业是如何在产品研发方面采取“应变”措施的。

几年前，我在东莞市一个生产皮件的港资企业进行管理变革辅导。那家公司生产的是真皮箱包、皮带等中、大件产品，出口港台地区及欧美等国家。

由于生产箱包、皮带产品需要的皮料面积较大，那些巴掌大小、一尺见方的皮料，常常会被当作下脚料丢掉，或者以几毛钱1斤的价格卖给收废料的。而这些皮料在购买的时候价格很贵。这样的浪费实在可惜。

我不懂皮件生产工艺，但很懂得控制成本。所以我向香港总经理周先生提建议，看能不能适当开发一些小型的皮件产品，采用优势互补的方式，将制作大件产品用剩下的下脚料变成材料，巧妙利用起来。

周总接受了我的建议，聘请了一个制作钱包的师傅，进行新产品研发。那位负责钱包研发的师傅是安徽籍的小伙子，工作非常敬业，技术也过硬。没多久，公司研发出的钱包样板就拿到了订单。

钱包的订单虽然不大，但因为是真皮制作，价格却也可观。这样“优势互补”型的产品研发，不但给工厂增加了营利的项目，还让那些原本要丢弃的废料有了利用的价值，有效降低了生产成本。实在是一举两得。

3. 工艺流程“应变”

纵观中小企业的生产现场，大多存在工艺流程混乱、繁杂等问题。如果能采取有效方式进行流程优化，可以收到事半功倍的效果。

我在一家生产艺术陶瓷和工艺品的大型台资企业主导生产时，经常遇到局部画釉镀金的产品订单。以前生产这样的订单时，仅从第一道工艺到完成画釉生产就要经过6道工序，具体流程如图1–1所示。

企业经营者和管理干部要记住，表面看起来顺畅的生产流程，不一定是高效的流程，也不等于低成本流程。

很显然，采用这样的工艺流程生产，煤气和人力成本会增加，破损率也会升高，工厂的制造成本自然会增加很多。这笔订单是沃尔玛公司的，虽然利润很低，但订单数量很大。台湾老板就和我商量，寻找降低成本的办法。

几经商讨，我们尝试采用去掉“低温素烧”环节，产品干燥后直接画釉的方式。经实验，确定此方式可行。于是，我们将原来的6道工序优化为5道（见图1–2）

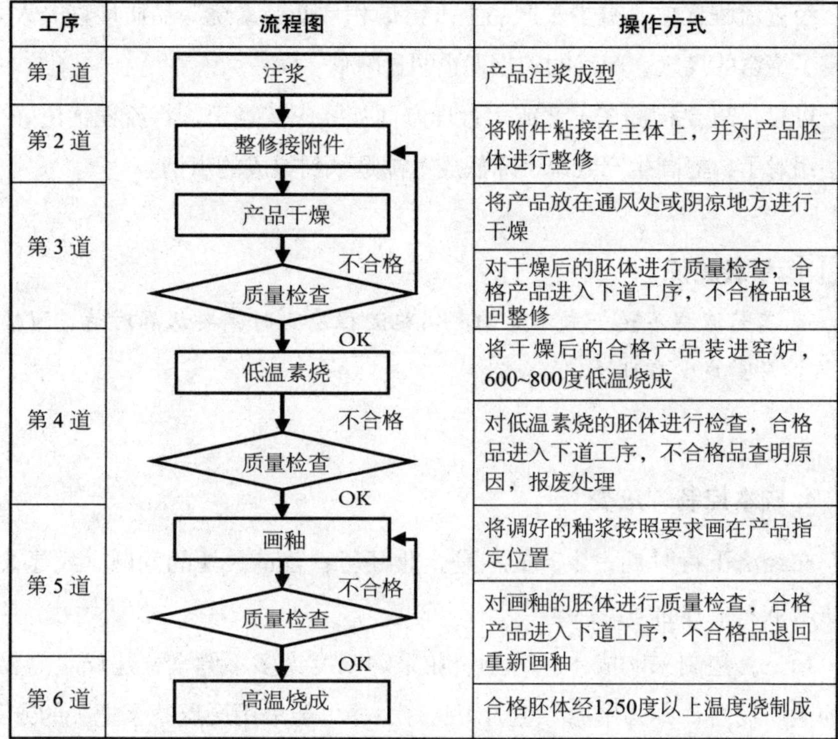

工序	流程图	操作方式
第1道	注浆	产品注浆成型
第2道	整修接附件	将附件粘接在主体上，并对产品胚体进行整修
第3道	产品干燥	将产品放在通风处或阴凉地方进行干燥
	质量检查（不合格→整修接附件；OK）	对干燥后的胚体进行质量检查，合格产品进入下道工序，不合格品退回整修
第4道	低温素烧	将干燥后的合格产品装进窑炉，600~800度低温烧成
	不合格　质量检查（OK）	对低温素烧的胚体进行检查，合格品进入下道工序，不合格品查明原因，报废处理
第5道	画釉	将调好的釉浆按照要求画在产品指定位置
	质量检查（不合格→画釉；OK）	对画釉的胚体进行质量检查，合格产品进入下道工序，不合格品退回重新画釉
第6道	高温烧成	合格胚体经1250度以上温度烧制成

图 1–1　陶瓷画釉流程图（原流程）

工序	流程图	操作方式
第1道	注浆	产品注浆成型
第2道	整修接附件	将附件粘接在主体上，并对产品胚体进行整修
第3道	产品干燥	将产品放在通风处或阴凉地方进行干燥
	质量检查（不合格→整修接附件；OK）	对干燥后的胚体进行质量检查，合格产品进入下道工序，不合格品退回整修
第4道	画釉	将调好的釉浆按照要求画在产品指定位置
	质量检查（不合格→画釉；OK）	对画釉的胚体进行质量检查，合格产品进入下道工序，不合格品退回重新画釉
第5道	高温烧成	合格胚体经1250度以上温度烧制成

图 1–2　陶瓷画釉流程图（优化后的流程）

经过流程优化，减少了产品上下窑炉和“低温素烧”品质检查的人力，节省了烧窑的煤气，产品的破损率也明显降低。

可见，只要我们在工艺流程管理方面加强应变意识，将流程优化好了，方法用对了，提高生产效率、降低成本都是水到渠成的事情。

专家建议

工艺流程不是一成不变的。实施流程应变时，要认真对待、审慎思考，减少盲目性。

4. 成本控制“应变”

在经济下行时期，生产成本是企业经营者普遍关注的问题。我建议可以从以下六个方面考虑：

第一，控制采购成本。中小企业采购制度大多不健全，建议对需要采购的生产物料、办公用品、生活用品等，尽可能采用层层签字把关的方式，将无关紧要的申购单筛选出来，将有限的资金用到刀刃上。

第二，提高生产效率。许多中小企业管理不够规范，在人员利用和效率提升方面，有相当大的空间可挖。张瑞敏在海尔倡导效率提升时，提出“每天提高 1%”的口号。绝大部分中小企业，只要改变了落后的工作方法或工艺流程，可将生产效率提高 20% 以上（个别岗位的生产效率提高甚至超过 50%）。

具体地讲，让得力干部对生产线每个工序进行评估，尽可能挖掘工作潜能。有些岗位因操作者技能不足造成效率低下，可采取培训方式提高效率；有些岗位是操作者的方法不正确，需要纠正操作方法；也有些岗位是操作者心态不端正，故意消极怠工导致效率低下……总之，找出真正原因，对症下药，将生产效率提升起来。

第三，减少无谓的加班。生产线加班一般分为 4 种情况：

正常加班。因为某些订单赶货较急，工厂必须采取的生产措施。

无效加班。这种情况是由于干部对生产任务安排不当造成的。

管理体系落后造成的加班。某些计时生产的工厂，有些操作员为了多赚加班费，故意将白天就能做完的事情拖延到晚上加班做。

恶意赚取加班费。个别员工看别人能赚加班费，自己没赚加班费的机会，就采用欺诈手段，打了加班卡却不做事情。

第四，控制浪费现象。浪费的情况，在任何企业都存在，只是程度不同而已。如果能减少浪费，也是控制成本的方式之一。

第五，加强现场7S管理。7S管理的内容是整理、整顿、清扫、清洁、素养、安全、节约，加强现场7S管理，将车间科学规划布局，做好标识工作，能提高车间利用率，减少寻找物料、工具、生产用品的时间，树立大家的安全和节约意识。这是控制成本的有效方式之一。

第六，减少无形成本。对企业经营者来说，无形的成本比有形的成本更可怕。因为无形的成本看不到、摸不着，很容易被忽略。

在中小企业生产管理中，无形的成本一般表现在以下三个方面：

计划不周。生产计划是指导生产线的纲领。如果生产计划出了问题，就会造成许多人力、物力、时间浪费，甚至影响到订单出货。这是很可怕的无形成本浪费。

沟通不畅。沟通不畅会造成信息断层或误传，影响工序、工艺之间的衔接和生产计划正常进行。所以，无效沟通或缺少沟通，都是很高的隐形生产成本。

相互拆台。俗话说：相互补台，好戏连台；相互拆台，一起垮台。有些生产干部不懂得合作的道理，不愿意主动配合别人的工作，或者因为小肚鸡肠，故意给有意见分歧的同事制造麻烦。这样的“小人行为”既损害了同事的工作业绩，也让“龌龊心态”的阴影长期笼罩着自己。更重要的是，这样造成的结果，往往是由企业买单。

事实上，只要多动脑筋思考，控制生产成本的方式有很多。

专家建议

中小企业经营者要谨记一个道理：失去了成本优势，你的企业就会被淘汰出局。

成本控制松散，利润被“浪费”

评价一个企业的生产管理状况，不是看厂房是不是宽敞明亮，也不是看机器设备是不是世界一流，这些硬件只说明投资人占有资金优势。真正代表生产管理水平的是生产计划制订与达成是否科学、高效，执行是否细致到位，车间布局、利用是否合理，人员利用是否高效，物料使用是否充分，工艺流程是否科学，车间管理是否规范、有序……而这些都和成本有着直接关系。

因此可以说，要实现利润倍增，现场科学管理、成本合理控制是核心和要点。

亟待加强的成本意识

大到一个企业，小到生产线班组、工序，能不能有效控制成本，与现场管理者和操作人员有没有成本意识有着极为重要的关系。

在广东省惠州市，有一家硬件条件很好的美资企业，拥有近 2000 名员工，生产工艺陶瓷和木器工艺品，一年四季订单不断，生意很红火。

论硬件，这家美资陶瓷制品厂的设备在同行业是最先进的，各种工具配备齐全，检测仪器精良，厂房宽大明亮，职员福利待遇优越，厂区是典型的花园式，假山、凉亭、人工湖穿插其间，娱乐设施多样，餐厅宽敞明亮，阅览室豪华舒适。

论订单，这家企业的老板自己就是销售商，在美国拥有自己的批发系统和卖场，工厂接的订单从来不被贸易商吃差价，价格有相当大的优势。

遗憾的是，这样一个在硬件和订单方面占有绝对优势的企业，却连续几年年年亏损上百万元人民币。

经过深入调查和分析后，我得知，这不仅是生产管理的问题，也是该企业干部、员工缺乏成本意识的问题。在员工中流行一句口头禅“反正老板有钱”。干部因管理问题给工厂造成了损失，会用“反正老板有钱”为自己开脱；员工因工作不认真造成了损失，也用这句口头禅推脱责任。

正是因为该企业的干部和员工都缺乏成本意识和责任心，不为公司利益着想，致使公司连年巨额亏损。

专家建议

许多生产线干部并不是想不出降低成本的方法，而是缺乏控制成本的理念。企业领导者应该从加强生产线干部的成本意识入手，让控制成本成为工作中的习惯。

有形的浪费很惊人

我曾走访过许多企业的生产现场，看到过形形色色的浪费现象。

在深圳市龙岗区，我看到一家生产工艺品的小型企业，在清理车间设置的小仓库时，发现几十加仑过期变质的油漆。那些油漆在购买时价格在每加仑 160 元左右。

在东莞市，有一家企业在产品包装时，发现申购回来的标签，在车间小仓库里被老鼠咬坏了。没有办法，只得停止包装流水线，重新向供应商下单购买。

类似的情况，真是举不胜举，令人咋舌，几乎在所有中小企业都能看到。

专家建议

对生产线干部来说，控制有形浪费并不是困难的事情。只要有认真负责的职业道德和良好的成本意识，就能将有形浪费控制到最低限度。

无形的浪费更可怕

在不少企业干部的意识中，有形的浪费是看得见、摸得着的，易考核，因此容易引起重视。而无形的浪费既看不见也摸不着，所以常常被忽略。

殊不知，无形的浪费比有形的浪费更可怕！

有一家台资企业，管理非常落后，从来不制订生产计划。遇到特殊情况需要进行协调时，老板会临时召开生产协调会。有一次，企业接了一个急单，老板为此召集了生产协调会。安排好之后，第二天，老板有事回了台湾。

结果该订单进入生产流程后，在第一个环节就出了问题。后面的部门按照生产协调会计算的上线时间，将人员、物料和其他准备工作都做好后，去上一个部门领半成品时，才知道上一个环节还没有完成。后面部门主管只得安排人将准备的物料收回去，重新安排生产线。

后面的部门100多名员工，白白浪费了一个上午的时间。没有生产出来产品，工厂还要承担100多人的半天工资和水电、物料浪费的费用。

类似的情况，在管理落后的企业非常常见。

专家建议

计划生产、管理沟通、团队协作和生产协调，是生产线必须引起高度重视的管理事项。许多无形成本，就是因为这些方面的工作没做到位，致使诸多看不见的成本浪费其中。

成本不控制，企业会在亏损中举步维艰

在国内，珠三角和长江三角洲（以下简称“长三角”）是民营企业分布最密集的地区，也是我从事培训活动最集中的两个地方。在那里，随时都能见到因为成本控制不好导致企业无利可图，继而举步维艰甚至关门大吉的各类型企业。

先看一个地处珠三角的企业案例。

2015年夏天，我应一家咨询公司董事长之邀，去珠三角一家600多人规模的民营企业调研。

那家民企生产的主打产品是移动空调和分体式空调，其次生产咖啡机，最近又新上了手机生产线。

那时候正值夏天，是空调销售旺季，他们的移动空调销售势头比较好，在几家著名的网络商城，都有该企业的产品。在某家著名网货商城，他们的移动空调当月排在家电类商品前5名之列。

在国内，生产空调的厂家很多，但基本都是分体式空调或中央空调，

只能固定在一个地方使用。目前国内只有少数几个厂家生产移动式空调。

相比固定式空调来说，移动空调有其独特的优点：能放在家中任何有电源的地方使用，制冷效果要比冷气扇好。最大的市场竞争优势是体积小巧，室内移动和搬运都很方便，适合小居室和厨房使用，市场价格在1500元左右。那些在外地上班的打工者，很喜欢这样的商品。

该公司董事长和总经理都擅长营销，对客户需求和消费心理抓得准，在产品设计、定位方面，也做得很好，所以拥有了不错的销售市场。

由于这几年我在着力研究中小企业管理与发展，所以我对企业的成本和利润比较感兴趣，非常关注企业在内部管理、成本控制和效率提升方面的做法。

遗憾的是，该公司虽然在移动空调研发和销售方面占有优势，但在成本控制和现场管理、效率提升方面，却存在着严重的瓶颈。

调研中，我对该公司的现实状况做了深入摸底，在此简要分析一下：

A. 管理成本处于失控状态

该公司总人数630多人，但却有8人挂总经理职衔，8个副总经理，3个总监，4个总经理助理，12个经理，1个厂长，18个部长（主管），另有工段长、组长、班长多名。这样的职位安排，造成管理成本严重失控。

如果把采购人员、财务人员、销售人员、质检人员、技术研发人员、统计人员、仓库管理人员、生产计划人员、人事与行政事务人员、文职人员、后勤保障人员等都计算在内，生产与非生产人员的比例约为1.45∶1，这就造成直接人员与间接人间在比例方面的严重失调。

B. 混乱的生产计划导致生产成本居高不下

在调研PMC部门时，负责生产和物控的主管告诉我，该公司生产计划达成率在40%以下。

在查找生产计划达成率为何这样低的原因时，我归纳出了几方面重要问题：一是物料采购与生产计划脱节，采购来的物料，常常不是生产线急需的；二是供应商管理不力，生产线急需的物料，供应商迟迟不能送到工厂，生产线常常出现停工待料现象；三是仓库管理失控，没有明晰的台账和数据，有些物料仓库有库存，堆压在某个角落，生产线要用时却找不到；四是总经理时常向生产线口头下临时订单，打乱生产计划；五是制订生产计划的职员能力不足，既不能有效变更生产计划，也缺乏变通的综合能力，只能顺其自然。

如此混乱的计划，严重制约着生产效率提升和制造成本降低。

C. 人力浪费导致成本攀升

先看看该公司生产手机的事业部。由于手机产品是新上马的生产线，营销尚不成熟，订单量不能满足生产线，员工上班时基本处于“磨洋工”状态。有一批出口订单因为质量问题，客户退货返修。员工天天做返工工作，没有兴趣和激情，工作效率低得可怜。

其他生产线又如何呢?

上班时间，不管是走进空调车间、喷油车间、咖啡机车间或马达车间，随时都能看到在工作时间玩手机、聊天或打瞌睡的怪异现象。

如果遇到因物料欠缺或临时接到“插单”通知造成生产线临时换线，还常看到整条生产线停下来等待的情况。

在制造型企业，人工成本在总成本中所占比例越来越大。如此严重的人力成本浪费，严重蚕食着该公司的利润。

除了上述问题造成的严重成本浪费之外，该企业还存在着供应商管理不到位造成的物料不能及时入库和来料品质合格率低导致的浪费；仓库、现场物料管理不到位造成的呆料或物料流失浪费；生产效率低下造成的人工和机器浪费；品质管理不善造成的返工、报废、延迟交货产生的综合浪费；工序、部门之间沟通不畅造成的无形浪费；管理干部的管理技能欠缺导致的窝工浪费；安全管理不到位导致的工伤、事故浪费等等。

所有这些浪费，都在蚕食着企业有限的利润。如果说“成本控制不力是制约落后企业发展的极为重要的瓶颈”，一点也不为过。

我在给企业经营者和管理者授课时，常向学员强调一个理念:“节流”做不好，“开源”就失去了应有的意义和价值。

下面是我走访过的广东省惠州市的一家公司为控制生产成本采取的措施，非常有成效。

1. 有形成本控制

该公司将物料使用的数量（重量）与订单数量相结合，并按照质量管理要求，制定出相应的损耗百分比。每个部门申购的物料要严格称重，一旦出现废料或边角料时，要由质量管理部门进行鉴定签字。所有运出去的废料，要经过检验、称重、部门主管签字、车间QC签字。废料运至大门口时，执勤保安要核对废料丢弃清单，并按照清单上的数量进行二次称重。

有了这样严格、缜密的控制手段，有形浪费控制收到良好的效果。

2. 无形成本控制

在控制无形成本方面，该公司采用完善生产计划、强化沟通效果、定期召开生产协调会、加强团队合作等有效措施，让生产在有序的控制中，按照工艺流程顺利进展。

科学、系统性的管理，高效的生产和有效的成本控制手段，使该公司很快成为同行业的领军企业。

经济下行，呼吁用老板心态控制成本

前不久，一位曾经听过我的课的老学员向我求助："以前当小组长的时候，老板很器重我，我也努力完成分配给小组的生产任务。现在当了车间主任，我照样也能完成分给我车间的生产任务。但老板好像不太满意我的工作，有时还在会上点名批评我。我不知道错在哪里。"

其实，不少基层干部升职后都会遇到类似的情况。原因是他们不了解员工心态、干部心态、老板心态之间的区别。

1. 员工心态的消极因素

我们说"员工心态的消极因素"，并不是说所有的员工心态都是消极的。而是说用"员工心态"做事情，含有一定的消极因素。一般来说，普通员工的心态总是想让工作轻松一些，工资待遇好一些，自由度大一些。

一些优秀员工能够成长为干部，是因为他们升华了"员工心态"，是用

“干部心态”做本职工作，所以得到上司的认可。

2. 干部心态的积极因子

“干部心态”是以完成工作任务为导向。上级交办的生产任务，要想办法努力完成，让上级满意。

由此可见，“干部心态”要比“员工心态”积极得多。

3. 老板心态的卓越元素

“老板心态”是最卓越的工作态度。用“老板心态”做工作，追求的是“多快好省”。

没有当过老板的人，很难体会老板心态的内涵。只要你当几年老板，不管创业能不能成功，你考虑问题的思维方式和做事的方式，就会与之前有很大的不同。

同样生产一个订单，如果用“老板心态”去生产，就会考虑在“同样人数、同样工时”的情况下，能不能多生产几个产品？工作效率能不能更快一些？工作质量和产品质量能不能再好一些？成本能不能再节省一些？

对生产干部来说，如果用追求“多快好省”的“老板心态”工作，一定会在“低成本、高效率、好品质”方面思考更多的管理方法。

我耐心地向那位学员讲了这番道理，并说道：“车间主任应该用老板心态管理车间生产，帮助企业提高生产效率和品质，有效控制成本。”

不少生产干部，当在一个职位上“原地踏步”好几年得不到提升时，常常会抱怨老板或公司。其实，这样的干部应该想一想，自己是不是在用“老板心态”工作。

专家建议

企业经营者应该大力提倡用“老板心态”工作，用高效率、好品质、低成本应对“经济下行”给企业带来的经营困扰。

管理方式僵化，降低利润率

管理理念的转变，建立在管理意识的基础上。对生产管理者来说，要更新管理方式，首先要升华自己的利润意识，更新自己的思想观念。其次是寻找好的管理方法，并认真研究、总结、筛选，去伪存真。要借鉴好的管理方法，升华落后的管理方式。

不要让僵化的管理方式再消耗企业利润

我在创作《中式快餐管理模式的建立》一书时，引用了广东菇木真生物科技股份有限公司联合广东省美食养生机构，推广“一荤一素一菇”健康快餐膳食营养搭配理念的案例。

说到食用菌生产，人们首先想到的是传统的、采用大棚式生产的僵化管理方式。而广东菇木真生物科技股份公司打破了原来落后的生产方式和僵化的管理模式，导入工厂化生产，以及企业化管理的现代、科学、高效的综合管理运营模式。该公司不但在广东省东莞市、韶关市和四川省西充市、河南省新乡市建立 6 个规模庞大的生产基地，还于 2011 年成功上市。这在食用菌种植历史上是鲜有前例的。

专家建议

企业需要在创新中进步，在改变中发展。如果让僵化的管理方式延续下去，最终结果是“关门大吉”。

择善而行，借别人的高招增加企业利润

子曰：三人行，必有我师焉；择其善者而从之，其不善者而改之。企业管理也应遵循这样的道理。

我们来看看某公司是怎样学习别的工厂管理模式，用来完善自己的现场管理的。

工厂初建时，该公司很不起眼。具有远见卓识的总经理高女士，积极

引进先进的管理模式，规范、完善管理，让工厂早日步入正规化、科学化管理轨道。

为了让管理干部解放思想，树立高效工作理念，掌握提高工作效率的方法，高女士大胆引进海尔的管理理念，实施“日清日高、日事日毕”的高效化管理。她指示人力资源部购买全套“海尔管理模式”光盘，制订学习计划，让生产线干部系统学习。

为了学习海尔，建立学习型组织，人力资源部制订了系统的培训计划，对干部、员工进行针对性的培训。公司聘请专家到企业讲授管理知识，将中高层管理干部送往高等院校强化培训。

通过严格要求和系统性培训，管理干部转变了理念，掌握了高效工作的技能，生产效率和整体利润得到大幅度提升。公司很快拓宽了经营品类和销售渠道，在原本主要产品稳定生产的基础上，逐步增加了陶瓷、五金、家具等系列产品。不但迅速扩大了公司原有的占地面积和生产规模，还在外省市扩建了接近2000人规模的分厂。

专家建议

对于新筹建的企业来说，找准适合自己学习、借鉴的管理方式，用别人成功的经验引领自己的企业成长，要比自己创立管理模式简便、省心得多。

总结归纳，找出适合自己的管理新方法

我在大型台资企业管理生产时，手下有班组长300多人，比小企业的总人数还多。后来从事企业管理咨询和培训，学员也大多是企业老板和管理干部。我发现有很多干部不善于总结自己的工作经验和管理方法，同样的错误屡犯不改，一直处在摸索和学习状态中。

每个人都在工作中积累了一定的经验和方法。如果能够认真总结、细心归纳，找出适合自己的经验和方法，然后将其延续并发扬光大，要比学习别人的方法有效得多。

美国加州的一家沃尔玛超市，通过对商品陈列的位置和销售状况进行数据分析和总结、归纳，发现啤酒和尿不湿这两种商品陈列在相近位置的时候，两种商品的销量都能提高。开始发现这个问题时，他们觉得是巧合。于是，总部负责人要求专门做试验。当啤酒和尿不湿分开很大距离陈列时，两种商品的销量都会下降。再把两种商品陈列在相近位置，销量又都提升起来。

他们否定了“巧合”因素，开始在规律方面找问题。原来，美国的年轻男士喜欢喝啤酒，而许多喝啤酒的年轻男士，家里有小孩。在购买啤酒的同时，他们会顺带给孩子买一些尿不湿。

试验结果得到确认后，沃尔玛总部及时将这种陈列方式向美国其他分店推广，均收到了良好效果。

找到高效生产方法扩大利润

许多生产干部之所以缺少提高生产效率的方法，是因为思想观念和思维模式禁锢了思考的角度和范围。一旦思想观念得到更新，思维就会跟着改变，思考的范围就能拓宽。

比如，对于劳动密集型企业，在一天的时段里，到底是上午的工作效率高，还是下午和晚上的效率更为理想？许多生产线干部对此存在严重的认识误区。

误区一，惯性思维造成的认识偏差。古语有云：一年之计在于春，一日之计在于晨。但事实证明，早晨是人的精力最不集中的时段之一。真正工作高效的时段，集中在上午 10 点前后和下午 4 点以后。

误区二，只凭感觉说事，不知道总结归纳。很多人只相信自己的感觉，不愿采用试验的方式，实事求是地进行归纳总结。

我在东莞市一家生产工艺品的大型台资企业任课长时，手下掌管着 1 个陶瓷注浆部、1 个整修部、3 个彩绘部，总人数达 2500 多人。一次，负责公司全盘工作的台湾经理和我商量调整车间工作时间的问题，她说：“刘靖，现在是赶货高峰期，你负责的部门，人员占全公司总人数将近一半，工作效率高低对工厂影响很大。你看，你管辖的部门能不能早上提前半个小时上班，晚上加班减少半个小时？”我问经理为什么这样做，她告诉我:“古语说‘一天之计在于晨’。早上员工精神状态最好，工作效率最高。这样调整，有利于提高生产效率，降低公司成本。”

我告诉她:“对于劳动密集型企业来说，员工的工作效率是晚上最高，下午低于晚上，早上是最低的。”缺乏一线管理经验的经理对此表示不能认同。

为了证明我的观点，我从彩绘A、B、C三个部门中，挑选出C部门进行试点。按照当时人员编制，彩C部门共有员工490多人，分为40多条流水线，各流水线都配备有班长。我让各级管理人员将流水线每小时的生产数据进行了记录和统计，然后把全部数据抄录给经理。

经理看了彩C部门的记录数据后，还是有些将信将疑，几次亲自到生产线视察，最后总算接受了现实。

其实，我曾经想当然地认为早晨的效率更高。经过多次对生产看板产量进行总结归纳，我找到了规律，才改变了以前的认识。

企业文化落后，制约利润提升

“企业文化”，准确的解读，就是企业人员处理事务的思路和管理人、事、物惯常采用的方法。也有人把“企业文化”解释为“这里的人是这样做事的”。

好的企业，有好的企业文化作为支撑。那些利润低薄、业绩不佳的公司，一定有落后的企业文化在起负作用。

糟糕的企业文化，阻碍利润提升

对于有经验的管理者来说，只要到一个工厂感受一下工作氛围，就能了解该工厂生产现场管理的效果优与劣。

工作人员有紧迫感，办事井井有条的企业，你会感受到一种紧张有序的氛围。这是好的企业文化的客观表现。

相反，在糟糕的企业文化氛围中，你感受到的一定是环境杂乱无章，工作人员缺少激情和紧迫感，现场管理的状况惨不忍睹。

可以说，没有进步的文化，就没有完善的生产现场。

专家建议

要完善管理，需要同时加强企业文化建设。没有文化底蕴支撑，仅靠强化现场管理，结果往往是事倍功半。

创立“利润为王”的企业文化靠老总

民营企业的企业文化，就是企业老板的价值观和行为的综合体现。上行下效。如果老板富有工作激情，企业的士气一定高涨。如果老板是完美主义者，企业从上到下都会注重细节。而如果老板不注意工作细节，那么企业要推行精细化管理，就很难取得成功。

以我亲自辅导过的企业为例，如东莞市泛亚金属制造有限公司总经理潘正中先生、瀛通国际集团的董事长黄晖先生等，都是追求完美的人。他们的公司在管理细节方面都做得相当到位，取得的成就也较为可观。

可以说，老板就是企业的精神领袖。落后企业的老板不实施变革，不能创建积极向上的“进取型”文化，企业将会在管理混乱、成本高昂、利润低下的阴影中逐步走向消亡。

现场文化创建靠生产干部

既然创建企业文化要靠老板，那么将好的企业文化向各部门传播，或者创建优秀的生产现场文化，就要依靠生产现场管理干部的努力。

我在外资企业管理生产和技术部门时，曾采用“墙报、早会、专题会、效率竞赛、节约竞赛、质量评比、经验介绍、优秀干部（员工）评选、文娱活动”等多种形式，创建“认真负责、积极上进、高质量、高效率、低成本”的生产现场文化。目的是为了让部门效率和业绩得到大幅度提升，有效控制生产成本，提升利润空间，让主体企业文化在生产现场得到有效延伸，也让自己在薪资和职务方面多次提升。

那些富有敬业精神，工作认真负责、积极上进的生产干部，他们负责的部门也一定是工作激情高涨，追求效率和品质的一流团队。

专家建议

生产部门是制造业最大的员工团队。让良好的企业文化在生产部门有效延伸，能最大限度体现企业文化的意义和价值。

生产干部应该在企业文化的基础上延伸并创建积极向上的部门文化。

小赢靠管理，大胜靠文化

许多导入科学化管理模式较早的企业，会有一种感觉：刚从“经验式管理”转向“科学化管理”时，生产线比过去规范、有序了，效率比过去提升了，交货比过去准时了。企业管理者觉得科学管理就是好。

经过长期的科学管理后，企业管理者又发现一个问题：以前在经验式管理时，虽然很多方面不够规范，流程也不明确，但要攻克一个项目或完成一个紧迫的订单，管理者振臂一呼，整个团队群情振奋、激情高涨，所产生的爆发力是平时的一倍或数倍。许多原本感觉不可能完成的工作任务，在高涨的激情面前，都可能“化腐朽为神奇”。但这种振奋人心的激情与士气，在科学管理的模式中再也找不到了。

一些有远见卓识的管理者，感叹这样一个现实：规范化的科学管理模式制约了员工高效工作的激情，大家只能在规定的场景中机械化地做事。

我在给企业高层管理者讲授企管课程时，一些有头脑的企业高管或老板，时常会谈到这方面的问题。我向那些高层次的学员们强调一个理念：小赢靠管理，大胜靠文化。

专家建议

良好的企业文化是团队协作的凝聚力、工作高效的驱动力、利润获取的核心力、公司发展的助推力、走向成功的牵引力。

士气是企业文化的客观体现

在企业文化糟糕的公司，常常会感觉到干部和员工没有工作的激情。每个人都消沉、萎靡，那种死气沉沉的氛围让人压抑，体会不到高效工作的士气和激情。

我曾多次在培训课堂上告诉来自各企业管理层的学员们："士气，是企业文化的客观体现。良好的企业文化，能激发员工高效工作的士气；糟糕的企业文化，会将员工固有的工作激情扼杀掉，让大家在死气沉沉、毫无斗志的状态下，疲惫地应付工作。"

我的著作《给你一个团队，如何提升士气》一书，着重论述了士气在企业管理中所起的重要作用，并系统讲述了提升员工士气的技巧和激发团队士气的方法。

不管是西方的科学管理模式，还是日本的精益管理模式，在高效工作方面都遇到了难以突破的瓶颈——不能有效激发员工的高昂士气和团队热火朝天的激情。要突破这一瓶颈，就要在企业文化方面加强。用积极、高效的企业文化，把员工的工作激情调动起来，把团队的士气激发起来，达到高质、高效的管理目的。

有远见的企业家认识到，只有依靠良好的企业文化激发出员工的高昂士气，才能让企业的效率再上一个台阶。

专家建议

企业经营者和管理者要懂得：士气是高效工作的激情，也是企业的战斗力和执行力。

用提升士气的方式增加团队业绩，是企业管理者必须认真考虑和有效实施运作的管理措施，也是打造高效型企业文化、提升团队战斗力和执行力的重要举措。

02

消耗企业利润的
15 个常见问题解析

中国企业的生产现场状况，可以用“参差不齐”四个字来形容。有的企业生产现场管理较为规范、科学；有的处于工厂化规模，作坊式管理阶段，现场混乱不堪，管理效果差；大部分企业则处于中等或中等偏下阶段，形成严重的瓶颈，也导致了管理方面的“剪刀差”。

生产现场形成的管理瓶颈，严重制约着企业的发展。这就是许多中小企业在成长到一定的规模阶段时，长期徘徊不能发展的根本原因。

不能突破生产管理瓶颈，企业的效益就不能有效提升，企业就继续停留在尴尬阶段。在本章，我将对中小企业生产管理存在的问题及解决方法，提出建议。

人员不能有效利用

人员利用率低，是中小企业普遍存在的问题。在当今招工较为困难的情况下，不少中小企业侧重于面向外面招聘人员，却不懂得挖掘内部的生产潜力。这就造成了奇怪的现场管理现象：一边是缺少人力的岗位得不到及时补充，制约生产进度；另一边是不少岗位的人力得不到有效利用，窝工、浪费人力的现象比比皆是。

岗位设置不合理造成的人力成本增高

2014 年 9 月，我给湖南省长沙一家专门生产酒店真空包装食品的企业讲授“生产线 7S 管理”课程。该企业老总就人力成本问题与我进行了一番探讨。

他们公司一些生产干部由于管理技能不足，不懂得灵活变通，在“定员定岗”时，只知道某个岗位需要 1 个或 2 个人，也不对人员的素养和技能做深入了解，就按照岗位对人数的需求，一个萝卜一个坑，匆忙完成“定员定岗”的任务。

类似的情况在中小企业中相当普遍。

前几年，我在广东省一家港资企业主导管理变革项目时，也曾遇到过类似情况。一天，管理变革项目组的顾问师将一个员工的辞职申请单送到我面前。那是一名女工，辞职原因是很普通的“家里有事”。

我让顾问师把那个申请辞职的女工叫来问明原因。原来她并非真想辞职，而是由于车间副主管对工作安排不妥当，给她造成很大困惑，使她无法继续工作下去，所以提出辞职。

那时正临近春节，工厂请假、辞职的人员增多。偏偏工厂这个时候接到一个老客户下的出货期较短的订单，生产线赶货很紧张。

那位申请辞职的女工原本从事质检工作。因为当时请假和辞职的人多，质检工作量不饱和，她被临时协调到车间支援，副主管把她安排到包装组，负责将包装好的机器部件一箱一箱叠放在栈板上。装满机器部件的包装箱较重，那位女工年龄在20岁左右，长相清秀，力气小，往栈板上叠放纸箱很吃力。她坚持了2天，感觉实在受不了，就找副主管申请调换岗位。副主管以人员紧张为由，让她坚持。她又坚持了1天，确实受不了，再次找副主管申请调换岗位。副主管让她再坚持2天。她又咬牙坚持了2天，还是看不到调换岗位的希望，这才递交了辞职申请。

由于当时公司正在赶货，人力太紧张，管理变革项目组要求人力资源经理，必须将离职人员的申请交给顾问师把关。

得知原委后，我让顾问师出面协调，及时调整了那位女工的岗位，减少了员工的流失。

后来我去该车间观察，又发现一位在精细工作岗位操作的女工，年龄40多岁，身材粗壮，手指头又短又粗。经了解，那位女工进厂时间也不长，工作也很不开心。原因是她的自身条件不适合做精细工作，效率低，品质也不能保证。因为工作上的问题，经常被上司斥责。

我和副主管沟通，把那位身材粗壮的女工的工作岗位作了调整。

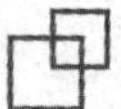

专家建议

岗位安置看似简单，真要将合适的员工放在合适的岗位上，确实需要动一番脑筋。生产线是人力投入较多的场所，员工不能有效利用，就会造成严重的人力浪费，增加企业成本。

“大兵团作战”，造成严重的窝工现象

一些劳动密集型企业的生产管理者，在订单生产时，不是按照科学、

有效、排长线的方式，有计划、有步骤地安排生产，而是凭经验、凭感觉，动不动就使用人海战术打“歼灭战”。这种“大兵团作战”的生产方式存在很多弊端：

1. 造成严重的窝工现象

“大兵团作战”的特点是多人操作相同的岗位，难免会出现分工不明确、责任心不强、有人偷懒耍滑的现象。

2. 不合理的缩短生产周期，影响生产效率

不论是劳动密集型还是机械化程度相对较高的企业，操作人员都需要对产品和生产工艺有一个认知、熟悉的过程。生产周期长，熟练程度就高，效率提升和品质稳定就有保障。反之，则会增加不合格率，降低生产效率。

3. 导致品质失控

“大兵团作战”增加了生产人力，缩短了生产周期，其结果势必造成良品率降低或者品质失控的严重局面。

专家建议

科学安排生产周期，既能使产品质量得到保证，也能减少人员浪费。比较理想的方法是在交货期允许的前提下，尽量减少流水线和操作员。操作员生产时间越长，对产品的认识就越深刻，熟练程度就越高，效率和品质就越理想。

管理内耗，是增加无形成本的焦点

一些企业由于管理人员沟通能力欠缺或本位主义思想重，造成工作配合度差，内部沟通不畅，在制品在部门与部门之间不能顺畅流通，势必影响工作效率。

遇到因工作紧急或特殊情况需要协调人力时，部门干部因私心使然，常常会将那些工作技能不足、素养欠缺的员工，协调支援给兄弟部门。

有一家生产工艺品的外资企业，有3个彩绘部门，分为A、B、C三部内。在生产高峰时期，3个部门的生产能力已基本饱和。这时候，工厂接到一个紧急订单，需要化解下去。彩绘课长召集3个部门主管商量，彩A和彩B的部门主管以生产力饱和为由，不愿接受。课长无奈，只好与彩C主管商量，将紧急订单放在该部门生产，并从彩A和彩B部门协调部分人力支援。

订单上线后，彩C部门主管发现从彩A和彩B部门协调的人力，全是那些工作技能差、配合度低的员工。

由于生产进度很不理想，上线2天后，彩C部门就将协调的人力全部退还回去。

像这样的人力协调，不仅起不到支援作用，还造成了人力的浪费和员工心理上的不平衡。

方法陈旧，新生代员工管理问题多

在制造业，“85后”和“90后”的员工已经成为生产现场主力军。但许多中小企业的生产管理干部，依然使用管理“60后”和“70后”员工的方法管理“85后”和“90后”的员工，结果新生代员工不配合管理、生产现场剑拔弩张的现象频频发生，严重影响了生产效率和质量的提升。

欠缺有效的领导方法，是中小企业对“85后”和“90后”员工管理和任用的通病。时代在变，员工对工作责任的认同感和价值观在变，如果管理人员不改变管理方式，势必造成无效管理，甚至产生管理的负能量。

专家建议

管理人员要懂得“用什么钥匙开什么锁”的道理，要学会变通。“85后”和“90后”员工的思维方式和价值观与“60后”“70后”有很大差别，所以不能穿新鞋走老路，要学习管理“85后”和“90后”员工的方法和技巧。

生产计划弊端

不可否认，现在绝大部分中小企业都会制订生产计划。但是，如果问起生产计划的达成效果，可能许多企业的老板都会摇头叹息。原因自然有许多，但其中最重要的因素是他们制订的生产计划存在的弊端太多，根本谈不上科学与合理。

不切实际的生产计划影响利润增长

几年前，我在广东省一家生产皮件的港资企业主导管理变革项目时，香港老板周总告诉我，他们公司的生产计划达成率非常低。我问："能低到什么程度？"周总摇摇头："还不足40%。"在我看来，达成率不足40%的生产计划，还不如没有。

周总告诉了我其中的原因。原来公司负责制订生产计划的小周，入职刚过3个月，既没有制订生产计划的经验，也没有从事过皮件行业相关的工作，不了解打软、裁皮、机加工、喷油、装钉、车缝、胶粘等相关工艺环节，完全在根据想象和希望制订生产计划，以致造成达成率不足40%的结果。

由于没有科学、合理的计划指引，生产线一度处于混乱状态，不切实际的生产计划形同虚设，企业效益不仅没有按照计划提升，反而受到了严重影响。

了解情况后，我让小周深入车间生产一线，每个环节至少操作2天以上，并和相关环节的负责人充分沟通，充分了解各个部门的生产情况。然后安排他到业务部门了解所有客户的订单情况及下单规律，再到仓库了解物料及供应商的供货情况。

等他对各方面的情况充分了解后，我教他怎样组织相关人员评估订单、怎样分析生产线的生产能力、怎样安排物料与生产进度的配合等相关知识。

经过一段时间的培养训练，小周重新制订生产计划，第一周的达成率就超过80%，后来逐步提高，真正起到了用生产计划指导生产线的作用。

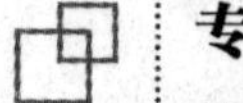

专家建议

生产计划是生产管理的重要组成部分。没有科学、合理的生产计划指引，生产线就会处于混乱状态，企业效益就会受到严重影响。

无计划生产是增加成本的祸根

缺少计划的生产方式，多体现在刚刚从传统的“作坊式管理”脱胎出来的小型制造业。

这些小型企业多是停留在“作坊型”的经验式管理层面，生产没有计划，来了订单就做，订单多了就安排紧急赶货。这样缺乏规范性和科学性的管理方式，严重制约了生产进步和企业效益提升。

专家建议

对生产现场实施科学化管理，是导入生产计划的前提。经验式管理存在很大局限性，刚从“作坊”脱胎出来的小型企业，应该尽早导入科学化管理理念，运用适用式管理模式，让生产计划引导生产。

生产计划要根据情况灵活变通

完全没有生产计划，会让生产线陷入无头绪、无主次、无规范的混乱状态；但制订了计划，就视计划如金科玉律，照搬照抄，不知变通，也是不可取的，是另一个极端。这样的生产计划方式，不但收不到相应效果，还让生产计划成为困扰生产线的元凶。

生产计划并不是制订出来就不能更改的，而是要根据订单变更、物料异常、生产发生变异的实际情况，进行灵活变通。

专家建议

生产管理人员和生产计划的制订者，都要学会以变应变。当客户信息和生产条件发生变化时，生产计划要随之变动，不能有“怕麻烦”的懒惰思想。

物料管理失调造成生产紊乱

佛山市有一家生产沙发的小企业，规模不足百人。由于物料管理混乱，致使生产线常常出现失控的局面，给订单达成和交货期造成很大困扰。

在那家公司，物料领用制度形同虚设。员工去仓库领用物料不用审批，仓库几乎是开放式管理。仓管员责任心缺失，物料管理一团混乱。有些物料明明已经采购入库了，生产线要用时，偏偏就是找不到，只得重新购买。等到订单出货后，那些找不到的物料又莫名其妙冒出来了。生产线常常出现因为某种物料不到位而停产休息的状况。等到物料到厂时，又要加班加点甚至通宵达旦地赶货。为此，生产线员工叫苦连天，品质也不能保障，客户投诉接二连三。

在中小企业中，像佛山那家沙发厂的物料管理失控造成生产紊乱的现象并不鲜见。究其原因，大致表现在以下几个方面。

缺乏供应商管理，物料入库紊乱增加成本

管理规范的企业，都会在供应商筛选与管理方面花很大工夫。但大部分企业对供应商管理的力度和措施都不够，效果也不尽如人意，以致造成供应商送货不及时，仓库正常的收发货秩序被打乱，生产不能按计划进行，物料合格率常常不能满足生产要求，勉强使用又会导致不良率增高，客户满意度降低等多种困扰。这在无形中拖了企业效益的后腿。

如果用马特莱 80∶20 法则来划分的话，应该说 80% 的企业在对供应商管理方面都不尽的人意，只有 20% 的标杆企业管理供应商的工作做得比较到位。

前些年，我在一个生产电线和电子产品的集团公司主导管理变革项目时，为了配合生产稳定和品质提升，公司在供应商管理方面花费了很大精力，建立起三级供应商管理机制（即管理到供应商的供应商的供应商）。这种三级供应商管理机制，既保证了该企业物料到位的及时性，也为品质稳定打下了基础。

以前，他们在接索尼的订单时，总是在交货期和品质方面受到索尼公司质疑，一直不能突破。实施三级供应商管理机制后，该公司终于赢得了索尼公司的认可，订单数量逐渐增加，很快成为索尼公司信赖的供应商之一。

专家建议

对供应商进行科学、有效的管理，能起到稳定物料品质、提高送货效率、保证生产稳步进行、增强客户满意度的作用。

物料品质异常导致生产停滞增加成本

企业物料品质异常，通常存在以下四个方面的因素：

1. 供应商管理没有做到位

前面提到的佛山市生产沙发的企业，曾经接了一个出口意大利的订单，结果出货 2 个月后，就接到了客户的投诉和索赔通知。原因是制作沙发架的木条不够干燥，产品出口到意大利后，不但里面的木条严重发霉，还连带着表面的皮料也大面积发霉变质。

接到投诉和索赔通知后，总经理让生产线停下来检查，结果大部分木条都含有水分。由于公司规模较小，没有烘干设施，只得将所有生产线都停下来，重新购买干燥度合格的木条。物料问题不但导致大额赔偿，而且生产线秩序也被打破，给其他订单出货带来了极大困扰。

经过层层检查发现，原来该工厂在采购方面，大宗物料由老板联系供货商，木条的干燥程度基本保持稳定。但是有一个木材加工厂负责人找到沙发厂老板，提出以更有优势的价格，相互建立长期合作关系。为了降低成本，老板决定尝试与之合作。

刚开始时，老板安排木工部主管专门检查该加工厂提供的木条的质量。结果显示，那些木条在干燥程度和其他方面都符合要求。检查几次都没有发现问题后，检查就放松了。

看到沙发厂不再对来料进行检查了，木材加工厂就开始弄虚作假。那些带着树皮的边角料夹在合格木条中间，连同湿度大的木条一起送进沙发厂。

而木工组是计件工资，开料员工责任心欠缺，有料就开。就这样，那些湿木条和边角料，都被钉成沙发框架，扪上皮料出货了。

2. 负责来料检验的IQC检验技能或责任心欠缺

不少企业由于IQC（Incoming Quality Control的缩写，意思为来料质量控制）检验技能和责任心欠缺，也人为地增添了生产线的困扰。

检验技能欠缺的IQC，对来料存在的问题不能完全发现；责任心欠缺的IQC，会因偷懒、怕麻烦等原因，减少检验比例或项目，致使许多物料漏检，给生产线造成不应有的麻烦。

3. 存在吃回扣现象

个别供应商为达到以次充好的目的，会采用不正当手段笼络IQC和仓库管理员。这种行为给企业带来的危害最大。

4. 物料保管或运输不当

有些物料需要特殊保管和运输。因为保管或运输不当造成物料变质、损坏等问题给生产线造成的困扰，也是很多企业普遍存在的问题。

有一家著名的装饰工程公司，生产高档窗帘的过程中由于运输不当，导致客户投诉猛增。投诉的原因是许多窗帘上有线鼻。

董事长把相关的生产、安装部门负责人找来调查原因，两个部门的经理都说自己负责的部门没有问题。后来经过耐心查找，最终找到了问题的根源。他们生产窗帘的流程是：裁料—车缝—整烫—穿钩—包装。整烫工序离穿钩工序有一段距离，需要搬运。有些星级酒店或高档别墅定做的落地窗帘较长，员工在搬运时，是将很多窗帘聚在一起，抱住窗帘的一头，拖到下道工序。

车间铺的是木质地板，天长日久，个别地板边角就有些许上翘，有的还有尖锐的木刺。当窗帘从有问题的地板上拖过去时，就会导致勾出线鼻。

采购员技能不足造成物料到货异常增加成本

许多中小企业舍不得在培训方面投入，致使特殊岗位人员技能不足，间接造成成本攀升。

就采购而言，有的新入职人员根本没有采购工作的经验，没有经过培训就匆匆上岗，既不懂采购作业流程，也不知道工作重点，更缺乏与供应商打交道的经验，致使物料的入库时间、品质状况等异常现象频发，严重影响生产线的进度与效率。

仓库管理失调增加成本

不少中小企业没有成立 PMC（Production material control 的缩写，即生产及物料控制）部门，存在“有生产计划没物料计划”的现象。

在不少工厂，仓库对物料领用缺少科学的管理和控制。有的部门领用物料严重超标，订单完成后又不及时退还给仓库，时间久了，就会变成呆滞物料或废料。而其他部门要用相同的物料时，仓库又无存货，只得重复采购。这样的情况，既耗费了公司有限的资金，又让完成订单后的剩余物料占据生产空间，增加企业成本。

再一种情况，是仓库库容被大量的无效库存挤占，造成严重的成本浪费。

笔者在广东省一家军工企业转制的工厂调研时，发现其仓库里堆满了库存产品，有的已库存 20 年之久，早就过了保质期，成了废品。问总经理，那些库存为什么不处理？总经理告诉我原委。该企业已建厂 26 年，属于多股份制，并带有国企性质，已换了几任总经理。仓库每年都有成品库存增加。那些库存的成品，都按当时的销售价格计入了公司财产。但是，这些年产品销售价格和销售量一直在下降。例如，过去一个电子元件的销售价格在 1 元钱左右，现在降到只有几分钱了。如果处理库存，一是不好做账，二是哪一任总经理都不愿意为此担责任。

这是很严重的问题。不但账面上那些好看的财富数字早就严重缩水，而且那些早就成为废品的库存，还在增加库容成本和仓库管理员工资。

现场协调不力造成物料失衡增加成本

在采用计件生产方式的中小企业，那些生产周期长、单价偏高的订单，操作员赚钱相对容易。每到这种时候，就容易出现员工哄抢物料的现象。

一旦出现这种情况，就会造成强势的员工工作区域物料堆积严重，影响工作效率和现场视觉效果；而弱势的员工没有事情做，抱怨连天。这样的结果既影响生产计划正常进行，又让生产现场杂乱无章。

专家建议

现场管理人员需要采用科学的管理手段，充分发挥沟通、协调作用，让领导力充分体现。

无序生产导致成本增高

无序生产指的是不按工艺流程，脱离生产计划，打破合理控制，部门各自为政等非常规制造引发的混乱生产现象。

无序生产造成的结果是部门与部门、工序与工序之间的协调性差，生产效率低，品质不好控制，人员、机器设备、生产空间不能有效利用，生产数据统计困难，订单完成时间不好掌握等负面因素。最终导致企业生产成本增高，企业效益低下，生产线一直处于不规范、难控制、低效率的混乱状态。

微利经营时代，企业的成本控制是企业家们普遍关注的话题。著名的“斜坡球体论”（见图2–1）告诉我们，企业要发展，需要拉动力和止动力共同作用——前面需要拉动力牵引，后面需要止动力阻止下滑。拉动力的核心是利润，止动力的核心则是成本控制。不能有效控制成本，企业就没有利润可赚。无序生产就是蚕食成本的重要元素之一。

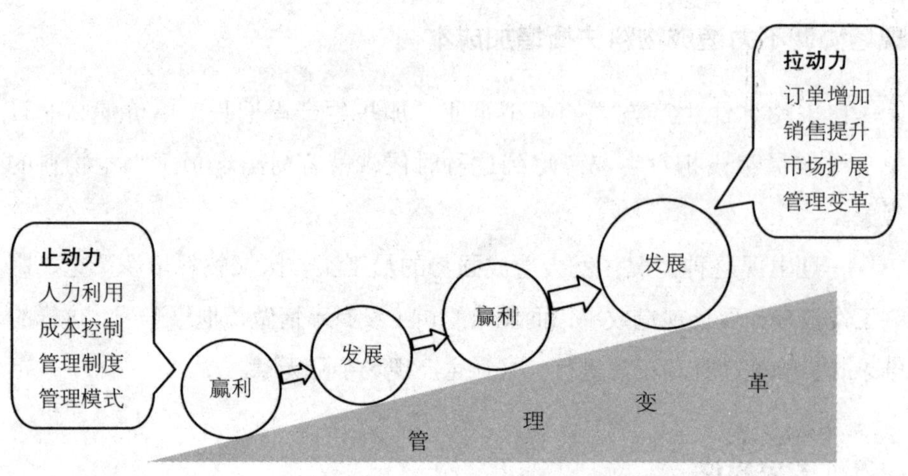

图 2–1　企业滚动发展模式图

生产统筹不力造成的无形成本

生产统筹不力多是由于干部管理能力不足，管控手段或方法欠缺，沟通不畅或魄力不够等因素造成的。下级不听指挥，同级不愿配合，致使生产线或某个生产部门处于涣散或失控状态。

因生产统筹不力造成的管理混乱、人心涣散现象，给企业造成的无形成本是无法估算的。

专家建议

对统筹不力的生产管理者，可从以下两个方面解决问题：

其一，对因管理经验、技能不足造成生产统筹不力的管理者，要强化培养力度，提高领导和统驭能力，使其尽快成为合格的管理者。

其二，对因自身能力不足造成生产统筹不力的管理者，要果断调整岗位，让有能力者充实到管理岗位上来。

工序间协调性差导致成本攀升

在制造型企业，工序之间、部门之间的协调性，直接影响生产顺畅度和订单达成效果。

许多企业的干部和员工，本位主义思想严重，在前后工序、前后部门之间，缺少基本的服务与合作意识，人为造成成本增高。对此，我从几个方面解读了工序与工序、部门与部门之间合作的重要性，强调了"内部客户服务"的意义。

1. 认清部门（岗位）的职能

让企业管理者了解企业核心价值构成和工序价值构成的链条效应，让大家明白一个道理：每个部门、每道工序，都是企业的一个组成部分。既有其重要性，又不能妄自尊大。

2. 了解什么是职级客户、职能客户、工序客户

职级客户：由职务级别引申出的上级和下级之间的服务对象，称之为职级客户。

下级要完成上级指派的工作任务，上级就是下级的职级客户。

反过来，上级要让下级更好地完成任务，就要提供相应的人力、物力、技术、政策等方面的支持，这时候，下级又成为上级的职级客户。

职能客户：由生产顺序先后引申出的前后部门之间的服务对象，称之为职能客户。

前面部门要向后面部门提供完成后续工作所需的基础条件（或半成品），后部门就是前部门的职能客户。

反过来，后面部门为了更好地完成任务，需要向前面部门提供相关的信息（如时间、数量、参考资料等），这时候，前面部门又成为后面部门的职能客户。

工序客户：按照工艺流程顺序先后引申出的前后工序之间的服务对象，称之为工序客户。

前道工序要向后道工序提供半成品，后工序就是前工序的工序客户。

反过来，后道工序为了提升工作效率和质量，需要向前道工序提供相关的信息（如什么时间需要多少数量的半成品等），这时候，前道工序又成为后道工序的工序客户。

3. 内部客户服务的责任心

能否高效率、高标准完成工作任务的决定因素常常不是技能，而是责任心。在进行内部客户服务时，首先要端正心态，减少本位主义思想和自私心理，克服“等、靠、推”的消极思想，寻找提高工作效率、解决问题的最佳方法。

4. 服务内部客户应有的两种心态：阳光心态和老板心态

阳光心态：带着阳光心态服务内部客户，就会坦诚、主动、认真、耐心，就会远离烦躁、抱怨、推诿、扯皮，就能提高对内部客户的服务质量，让上司、同事、部属对提供的服务更加满意，让工作更有效率、生产业绩更好。

老板心态：用老板心态服务内部客户，就会更多地考虑服务的质量、客户的满意度和为服务投入的成本。

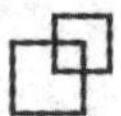

专家建议

对管理干部和员工进行“内部客户服务”培训，能更好地解决工作中常见的推诿、扯皮、相互埋怨、相互拆台的现象，降低企业的无形成本。

局部利益至上导致成本增加

越是管理水平偏低的企业，部门之间、成员之间的合作意识就越差，局部利益往往高于全局利益。如果不对这种局部利益至上的现象加以纠正的话，部门协作将难以实现，生产计划将无法执行，生产任务也就不能如期完成。由此导致的高成本低效益，就会一步步将企业逼上绝路。

科学的管理思想要求生产线干部和员工要有“全线一盘棋”的意识。要提倡团队意识，加强集体主义思想宣传。对个别私心重、团队意识淡漠的干部，要采取“多换思想少换人，不换思想就换人”的方式。不能让本位主义思想在生产线蔓延。

专家建议

加强管控力度，从培训入手，提高生产管理者的素养和管理技能，用科学管理手段导入适用式管理模式，理顺生产流程、生产计划，让生产现场规范、有序起来。

沟通不畅导致信息断层

美国哈佛大学和普林斯顿大学分别对职场中人士进行了调查：普林斯顿大学对1万份人事档案进行分析，结果显示智慧、专业技术、工作经验三大要素，在成功因素中只占25%的比重，而良好的人际沟通效果所占比例达75%。哈佛大学对500名被解职的男女进行调查分析，结果显示：因人际沟通不良而导致工作不称职者，占总人数的82%。

这两组数据虽然反映的是职场成败的因素，但现场管理与职场成败有着异曲同工之妙。许多企业的生产线之所以会出现这样那样的问题，很多与上下级之间、前后部门之间、先后工序之间的沟通不畅导致的信息断层有重大关联。

缺少沟通造成信息中断增加无形成本

关于企业成员在沟通方面存在的问题，我将其分为三种类型：

消极封闭型：这类人受消极心态影响，性格上自我封闭，不愿主动与他人交流。

自私自利型：这类人因自私心理使然，主观上想垄断信息，不愿意将自己了解、掌握的情况与同事分享，想让别人处于被动地位。

技能欠缺型：大部分存在沟通障碍的职员，主观上愿意和别人沟通，但由于缺少沟通的知识和技巧，沟通的效果常常不尽如人意或事与愿违。

因沟通不畅造成信息中断，给企业增添许多隐形成本。而隐形成本消耗的企业利润，常常被我们忽略，所以更应该引起经营者的关注。

如果用马特莱的 80∶20 法则来衡量企业成员沟通效果的话，应该说 80%的成员因为对沟通技能掌握得不好，沟通效果存在不尽如人意的遗憾。只有 20%的精英成员，在与人沟通时能得心应手、沟通技巧应用自如。

专家建议

企业高层领导应该明白，任用沟通技能不足的干部，会造成相当大的隐形成本。企业应在培养干部沟通能力方面适当增加投入，加强团队成员沟通技能训练。

相互钳制增加无形成本

在管理落后的企业，部门与部门之间、工序与工序之间互不配合、相互钳制的情况屡见不鲜。干部之间钩心斗角、相互使绊子的现象也层出不穷。

我在一家合资企业主管生产时，曾因此处理过一个部门主管。

事情的经过是，公司有一个数量不大的订单，按照正常的订单交期和生产计划，出货时间是宽松的。但公司考虑运输成本问题，临时决定将那个订单和其他相关的订单并柜装船。这就需要比原计划提前一个星期将那个订单赶制出来。

在生产会议上，我要求生产部各部门将那个订单作为特例对待，要考虑后面部门的困难，将本部门上线生产的消息在第一时间通知后面部门。

那时候公司的管理架构还不太规范，没有设立生产管理职位，所以产品在生产中的信息传递需要各部门主管自觉配合。当产品运行到检验部时，按照要求，检验部主管应在本部门刚上线时，就要通知下道工艺的彩绘部主管。但检验部主管因为工作上的意见分歧，与彩绘部主管之间有了嫌隙，所以就想借机会给彩绘部主管使些小绊子。于是，等到检验部工作全部完成了，检验部主管才将信息传递到彩绘部。这时候离出货的时间已经很近了，彩绘部主管只得采用“人海战术”将产品彩绘出来。结果不仅多费了人力，而且影响了品质。

针对这种情况，我专门找检验部主管谈话，指出她不顾大局、挟私报复同事的行为，让她自我检讨，避免类似的事件再次发生。为引起她的高度注意，还给她记警告一次。

企业中钩心斗角、相互使绊子的现象并不少见，不仅影响生产正常进行，也让效益严重受损，同时还会加深同事间的怨愤和误解。

专家建议

管理人员缺少大局观念，既是自身心胸狭窄、修养不够的表现，也和高层领导的培养教育分不开。管理人员素养的提升需要公司和领导的栽培，更需要加强自身修炼。

技能不足制约生产

干部管理技能不足，就会导致企业出现严重的发展瓶颈。

员工专业技能不足，就会导致工作效率低下，影响产品质量。

生产线由于技能不足导致的业绩低下和管理障碍，已经成了制约生产效率提升和成本控制的重要瓶颈。

管理技能欠缺导致有形成本浪费

广东一家生产微波炉的著名企业，车间里存放着一批不能发挥作用的机器人。据知情者说，这批花费巨资购买的机器人，就是因为管理人员产能评估技能欠缺，为决策层提供的数据不准确，造成决策失误，结果导致了严重的有形成本浪费。

许多有形成本浪费，就是管理者技能欠缺造成的。所以，隐形成本最终导致的是有形浪费。

由于管理者管理技能欠缺导致的管理方法不当、人员不能有效利用等后果，造成了生产效率低下、品质不稳定、成本居高不下，这严重制约着企业效益的提升。

员工技能欠缺、效率低下造成的窝工成本

由于员工的工作技能欠缺而导致效率低下，是落后企业中普遍存在的问题。那么，员工工作技能欠缺是谁的问题？

我在深圳市福田区给中国联通的管理人员讲授“班组长高效管理”课程时，曾就这个问题与学员互动。有位管理人员说：“员工工作技能不足，是员工自己的问题。”我告诉学员：“员工工作技能不足，是管理者的问题。”

我向学员提出两个问题：

第一，知道员工的工作技能欠缺，管理者为什么不培训他？

第二，如果个别员工不愿意学习或者学不会，管理者为什么不淘汰此类员工？

可见，员工技能欠缺问题是管理者的问题，需要管理者积极努力去解决。

在世界 500 强企业中，思科是名列前茅的公司，每个员工每年给企业创造的价值达 77 万美元，折合人民币 500 余万元。而同行业员工每年为公司创造的价值只有 22 万美元。思科员工创造的价值是同行业员工的 3.5 倍。为什么思科的员工能如此高效？

一是思科公司的领导在员工培养方面花费的精力和时间较多，领导和部属之间的能力距离和职业理念相差不大，工作上能达成默契，实现了“上下齐心，其利断金”的工作效能。

二是通过上司的培养和自我提升，员工掌握了高效工作的方法并灵活运用。

诚如思科公司董事长约翰 · 钱伯斯先生所说：“一流的企业努力培养高素养、高效能的员工；高素养、高效能员工造就了一流企业。”

非生产职员技能或责任心问题造成的软成本

生产线的软成本是一种近似于无形成本的间接制造成本。这种成本多是由于非生产人员的技能欠缺或责任心欠缺造成的，比如助理、文员、统计

员、生管员等。这种现象在中小企业表现得更加明显。

相对于规模较大的企业来讲，中小企业在名气、待遇、福利等方面，对求职者的吸引力不够，招聘到的文职人员在学历、能力、经验等方面，整体素养会逊色于大型企业。让学历不高、能力不强、工作经验缺乏的非生产人员从事计划制订、过程跟进、数据统计、生产协调等工作，势必会增加错误、遗漏、失误的机会。

这些非生产人员造成的失误或过错，最后还是要生产线买单，也就无形中增加了企业的制造成本。这就是软成本。

杂乱订单打乱生产计划

在落后企业，普遍存在着数量小、交期近、价格滥的订单占据比例偏高的问题。许多人认为工厂订单越多越好，其实这是一个误区。有些企业生产线每天加班加点，看似生意红红火火，效益却差强人意。其中多半原因就是低质量的订单数量偏多。

生产线负责人最头痛的，就是紧急订单和半途插进来的订单。这些订单会打乱正常程序，让生产计划形同虚设。而那些价格滥、交期近、数量小的订单，不但不能帮企业创造效益，还会增加生产成本，让企业处于亏本运作的局面。

低端客户没有优化的应对成本

一位咨询公司老总在调研一家中小企业时，从销售部了解到“数量少、交期近的订单，生产线不愿意配合”的情况。咨询公司老总对企业总经理说：“只要销售人员拿到的订单，不管单价高低、交期远近、数量大小，生产线都要绝对配合。要以市场主导生产，做到市场至上，客户至上。”

咨询公司老总的话听起来貌似有道理，其实是一种严重的误导。我以前在外资企业主导生产时，常把客户划分为以下四种类型：

A类客户：所下订单量大、交期长，容易沟通，为企业贡献了大量利润；

B类客户：所下订单数量一般，容易沟通，为企业贡献了一定的利润；

C类客户：新开发客户，虽然所下订单数量不尽如人意，但有潜力可挖，未来可能成为B类甚至A类客户；

D类客户：所下订单数量少、交期急、价格滥且不好沟通，经评估也没有多少潜力。这样的客户，是企业发展的累赘。

我们常组织业务人员和生产线管理人员，对客户进行评估。凡是被评估为D类的客户，公司会逐步淘汰。我对生产线干部的要求是：抓好、汰滥、挖潜力。

抓好：坚决保住能为公司贡献利润的A类和B类客户，他们下的订单，一定要抓好质量和交期，保证其满意度。

汰滥：对于那些下单“数量少、交期急、价格滥”的D类客户，要逐步淘汰。

挖潜力：对有潜力的C类客户，我督导生产线努力培植，尽量满足其要求，期待有更好的订单合作。

有些企业负责人，过度强调订单的重要性，不会优化客户，以致让企业蒙受损失。

企业需要订单。但企业需要的是能产生效益的高质量订单。

专家建议

企业只有通过优化客户，才能减少那些价格滥、交期近、数量小的订单，让企业在赢利的基础上持续发展。

走入“客户至上”误区的服务

一个卖肉夹馍的小商贩在热情地兜揽生意。一个汉子要买肉夹馍，小商贩满脸堆笑地把做好的肉夹馍递给汉子。汉子说：“再夹点肉。”小商贩就加了点肉，态度依然热情。

结果，汉子没接商贩递的肉夹馍，又说：“再加点肉吧。”小商贩看看汉子，又切一点肉，不情愿地夹到馍里。汉子又说：“你再多加点肉吧。”

小商贩拉下脸说:“你是不是想让我给你夹一头猪啊?!”

当汉子第三次要求小商贩“再加点肉”时，小商贩为什么会翻脸？很显然，他亏本了。

你也许会笑话小商贩目光短浅。但小商贩认准的是商业上的硬道理：不做亏本的买卖!

企业经营也是同样的道理。没利润的买卖做多了，企业离“关门大吉”就近了。

许多企业的墙壁上，都挂着“客户至上”“客户就是上帝”的口号。殊不知，“客户至上”是一柄双刃剑。一旦将其走向极端，就会陷入经营的泥潭。上面那位咨询公司老总，就是将“客户至上”走向极端的典型。

如果对那些既不能帮企业贡献利润，也没有培植潜力的“劣质”客户，都一律用“至上”对待的话，企业就要付出惨重的代价。

专家建议

企业负责人要学会评估、甄选和优化客户，为利润倍增创造条件。

品质管理走入误区

对于品质管理，中小企业常常会走入两个极端的误区：一个是“越精良越好”，另一个则是“一点点瑕疵无所谓”。这两个误区反差很大，但同样都会制约企业的发展。

受极端品质观点误导的品质过剩成本

从理论上说，“品质越精良越好”的观点一定是正确的。这也是那些从事企业管理研究的学者们大力倡导的。但是，也正是这些在理论上看似“正确”的理念，让一些管理经验不足又听过管理专家讲授品质课程的中小企业管理者，走入了品质管理的误区。

丁远峙在《管理方与圆——企业文化》中这样写道：一些所谓的专家、

学者，他们最大的本事就是善于将简单问题复杂化。因为唯有这样才显得他们有理论、有水平。而他们的那套理论，往往是在书斋里凭空想象出来的，既生涩难懂，又空洞而脱离实际。通过生造一大套学术名词，让我们陷于无尽的痛苦中，来显示他们的水平。

对于那些刚刚建立，准备做知名品牌、走精品路线的企业，完全应该贯彻“品质越精良越好”的管理思想。而大部分中小企业已经建立相当长的时间，产品质量和价位在客户和消费者心目中已经定型，如果抱住“品质越精良越好”的观点管理品质的话，会置企业于死地。因为，品质提升基本是以增加成本为代价的。

打个比方，假如你们的企业以生产长安、夏利这类低端轿车为主，经销商和终端客户对你们的品牌认识也定位在低档次、低价位轿车品牌，为了提高客户满意度，企业按照奔驰、宾利、劳斯莱斯等高端轿车的精良品质要求进行生产，那么毫无疑问，客户的满意度一定会提高，但是企业还能赢利吗？显然，低端定位和高品质要求不相匹配，工厂将亏本经营，最终一步步走向倒闭。试问，这时“品质越精良越好”的理念对企业还有什么意义？

有的管理咨询机构为了吸引企业经营者的眼球，抓住一些企业老板崇尚西方和日本的超越管理模式的心态，不顾中国中小企业的实际情况，大力推崇在通用电气等西方大公司推行的六西格玛品质管理模式。

看看六西格玛的数据标准：

1 个西格玛，瑕疵率 = 690000 / 1000000

2 个西格玛，瑕疵率 = 308000 / 1000000

3 个西格玛，瑕疵率 = 66800 / 1000000

4 个西格玛，瑕疵率 = 6210 / 1000000

5 个西格玛，瑕疵率 = 230 / 1000000

6 个西格玛，瑕疵率 = 3.4 / 1000000

上面的数据告诉我们，六西格玛的质量标准要求瑕疵比率低于百万分之三点四，也就是说无缺陷比例要达到 99.99966%。这样的标准，不要说实力不强的中小企业，就是已经发展到一定规模的大企业，也不易做到。从不断曝出的一些跨国公司和著名企业的产品因为质量问题被投诉的报道，以及许多国际著名品牌的轿车时有被召回的报道，我们就可以看出。何况要实施六西格玛品质管理模式，先要投入大量的人力和仪器进行数据采集、分析、提报。这是根本不符合中小企业发展现状的。

专家建议

对于已经建立相当长时间，产品质量和价位在客户和消费者心目中已经定型的企业，品质管理要以稳定为主。在稳定的基础上，逐步提高品质，提升品牌形象。

传统品质观念造成的返修和客诉成本

持有“一点点瑕疵无所谓”观点的一类人，则将品质管理走向了另一个误区。

许多中小企业的产品品质不能让客户放心，也是和生产管理者存有“一点点瑕疵无所谓”的心态分不开的。造成类似问题的原因主要有以下三个：

1. 缺乏打造知名品牌的意识

中小企业的车间管理人员，大多是从生产线员工成长起来的，知识面和视野狭窄，缺少长远眼光和宏观思维的素养，没有帮助企业打造知名品牌，让企业做大做强的气度和胸襟。

2.“孩子是自己的好”的心态使然

有的生产管理人员存在“护短”心理，自己部门生产的产品，不愿让别人说长道短。明知道有瑕疵的产品不好，也要“没理搅三分”。这不仅制约着品质的提升，也助长了员工安于现状、不思进取的坏风气。

3.“当一天和尚撞一天钟”的应付思想在作怪

个别生产管理人员之所以能够走上管理岗位，不是因为能力强和素质高，而是因为掌握了一些技术或工作年限较长，靠论资排辈提拔起来的。自身的素养和职业道德只能算是差强人意，每天只是完成任务，对品质问题影响企业发展并不关心。

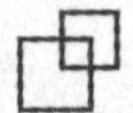

专家建议

扭转生产管理人员的品质理念，是企业高层领导要认真考虑的事情。一方面，从改变管理人员的思想观念入手，请实战型管理讲师授课，用积极的、先进的、科学的品质理念影响他们；另一方面，大胆淘汰品质观念太差的管理人员，通过制造压力，逼迫他们转变思想。

效率低下

我曾经在台资、美资、港资企业任职中高层职位十几年，从部门主管一路晋升至生产课长、行政课长、厂长、行政经理、生产经理、民企总经理等职位，主管过6000人规模（旺季超过1万人）的台资企业生产部。后来我从事企业管理咨询行业，从一个普通的顾问师成长为项目组长、项目总监、总经理，再到成为华企盛世企业管理咨询有限公司首席专家、首席讲师。每一步都让我愈加认识到“生产效率低下”是中小企业普遍存在却又关乎生死存亡的问题。

员工素质差导致的效率低下

我走访过诸如美的集团这样的巨无霸企业，也给一些大型央企讲过管理课程，对不同类型企业的员工素质都基本有所了解。由于员工素质影响工作效率造成成本增加的现象在各级规模的企业都不同程度地存在，在中小企业中表现得尤为突出，所以，我认为以下四个方面需要引起企业注意：

1. 走入了成本控制的误区

企业高层重视成本原本是好事，但在培训干部和员工方面过分计较成本，则得不偿失。被誉为“经营之神”的松下幸之助，告诫松下公司高层：“企业培训成本很高，但不培训成本更高。”

我给广东省邮政速递（EMS）管理层讲课时，看到总部培训室墙壁上贴着一条标语：使用没有培训的干部和员工，是最大的成本浪费。

中小企业需要控制成本，但在对干部和员工培训方面，则应适当加大投入。干部的管理技能和职业操守提升了，员工的操作技能和素养提升了，生产效率自然会提升，企业效益也会相应增加。在培训方面合理投入的成本，是对企业最有价值的回报。

2. 缺少长远的发展眼光

落后企业的老板，大多目光短浅，只盯住眼前利益，骨子里存在一种“小富即安”的小农意识。不仅老板自身不注重学习和提升，也不愿花费代价培养下属。

3. 害怕人才流失

针对职场上普遍存在的员工心态浮躁、频繁跳槽、不安现状的现象，一些企业老板不是积极想办法创造留人、育人的环境，让员工看到留下来的发展希望，而是害怕辛辛苦苦花代价培养的干部和员工跳槽离职，最后落得个“鸡飞蛋打”的结果，因而更加不愿意在人才培养方面投入成本。

4. 恶性循环导致企业没有资金投入培训

企业不培训导致的结果是干部管理技能不足，员工操作技能欠缺，生产线整体效率低下，团队整体素质差。末流的团队做出的必然是末流的业绩。这样的恶性循环让企业的财务捉襟见肘，拿不出培训投入的资金。结果是企业一直在最差的水平线上挣扎，最后走向倒闭的边缘。

专家建议

企业老板要放眼未来，用发展的眼光看待企业培训。干部和员工的技能和素质提升，是企业最有价值的投资，也是企业发展的后劲。

干部管理技能不足造成的软成本

东莞市被誉为“世界加工基地”，聚集着众多管理层面不同的企业。我在走访中发现，越是发展势头不尽如人意的企业，干部管理技能不足的问题就越明显。更为甚者，有的企业提拔干部不是看工作能力，而是看是不是老板的红人或高层干部的心腹。对提升起来的新干部，公司既不主动培养，也不送他们去进修。结果是干部职务提升了，管理技能依然停留在初级阶段。兵熊熊一个，将熊熊一窝。那些“低能”干部，严重制约着企业发展。

落后企业的领导，为什么不努力培养下属干部呢？笔者就此问题和咨询界同行讨论，总结出以下三个具有“共性”的问题。

1. 缺少培训下属干部的能力

有的企业领导之所以不主动培训下属，可能是自身的能力不足，不会培训，不知道从哪里入手，所以只能让下属顺其自然。

2. 穷忙瞎忙造成领导没有时间培训下属干部

也有些企业领导是老黄牛类型，工作比较积极，但因能力不足或方法不当，致使他们一天到晚穷忙、瞎忙，工作效率和业绩却不理想，以致挤不出培训下属的时间。

3. 害怕下属能力超过自己

个别领导私心重，害怕下面的干部超越自己，担心教会了徒弟会饿死师父，所以不愿意将自己的管理经验和方法与下属干部分享。

专家建议

20%的人决定企业发展，80%的人决定企业稳定。让决定企业发展的管理干部通过培训提升管理技能，是为发展打基础。

岗位培训欠缺造成的低效和返工成本

对员工进行岗位培训，是企业必不可少的上岗程序。越是落后企业，员工上岗培训的效果就越是差强人意。有的生产干部心态消极，不愿在培训员工方面花费精力，就算勉强做了，也是敷衍了事。这种工作态度既延长了员工学习岗位操作技能的时间，影响了生产效率，也给自己的管理工作造成了困扰。个体工作效率直接影响着整体工作效率。一个员工技能不足，整体部门的效率和业绩都可能因此而打折扣，甚至导致反复返工。

专家建议

企业培训和建造房屋有异曲同工之处。在别人看不到的地方敷衍了事、偷工减料，虽然也能建成漂亮的房子，但那些偷工减料的地方经不住时间的考验，最终会暴露无遗的。

工艺流程落后

因生产工艺流程落后给企业造成的成本，是不容易发现的隐形成本，其损失之惨重，是难以想象的。

我在一家生产工艺陶瓷的合资企业任生产课长时，遇到一个因工艺流程困扰给公司造成惨重损失的事例。当时，公司接到一个豆青釉系列陶瓷茶具的出口订单。茶具的造型为仿古六角形宝塔式结构，分为茶壶、茶杯、茶盘、奶罐、奶杯、杯垫6款，形体较精美。按照订单要求，瓷器是仿古的，边缘和纹路突出的部位，要做出浓淡相宜的“露白”层次效果。而且要求过渡自然，立体效果良好。

当时负责技术工作的是一位来自台湾地区的韦师傅。韦师傅按照传统工艺流程，将施釉人员的操作方法分为5道工序：

第1道，将已经烧成素坯的陶瓷坯体整体浸釉（经过780℃烧成的素坯，有很强的吸水性），让釉浆附着在陶瓷素坯表面；

第2道，待釉浆干透，将浸过釉要做“露白”层次效果的瓷器边缘和纹路突出部位的釉浆，用刀片小心刮掉；

第 3 道，在刮过釉浆的纹路、边缘部位，用浸水的海绵擦拭出过渡效果；

第 4 道，在处理好过渡效果的坯体，整体喷涂一次透明釉；

第 5 道，擦去底部接触耐火板部位的釉浆，再放进窑炉烧制成成品。

其流程图如图 2–2 所示：

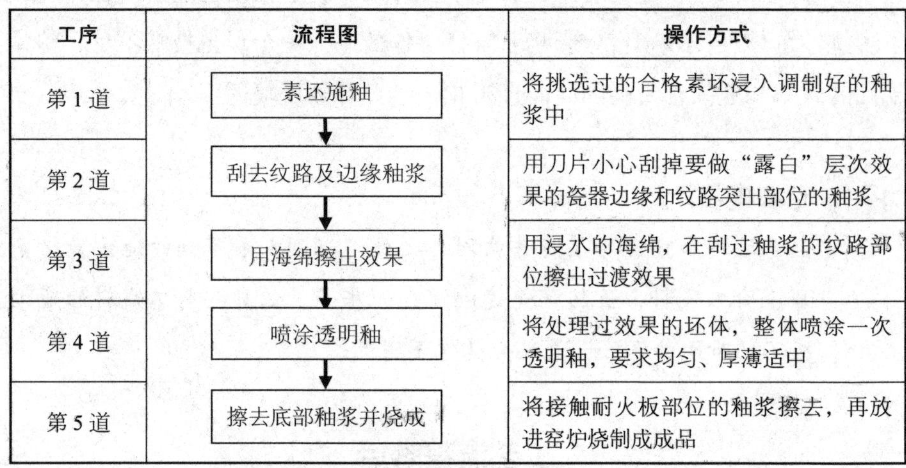

工序	流程图	操作方式
第 1 道	素坯施釉	将挑选过的合格素坯浸入调制好的釉浆中
第 2 道	刮去纹路及边缘釉浆	用刀片小心刮掉要做“露白”层次效果的瓷器边缘和纹路突出部位的釉浆
第 3 道	用海绵擦出效果	用浸水的海绵，在刮过釉浆的纹路部位擦出过渡效果
第 4 道	喷涂透明釉	将处理过效果的坯体，整体喷涂一次透明釉，要求均匀、厚薄适中
第 5 道	擦去底部釉浆并烧成	将接触耐火板部位的釉浆擦去，再放进窑炉烧制成成品

图 2–2　豆青釉系列陶瓷（原本）施釉流程

这样的流程虽然也能做出产品，但生产效率非常低。施釉部 16 个员工，1 天才生产 400 多套产品，擦拭出的“露白”效果也不够自然，没什么层次感。而且因为第二道工序极易造成刚浸过釉浆的釉面损伤，返工率高达 20% 以上。

很显然，这样的工艺流程人力浪费严重，产品不良率高，生产效率低。类似的情况在很多企业都存在。那么，怎样解决工艺流程落后的问题呢？

实施工艺流程创新

对如此低的生产效率，老板非常头疼，就要求韦师傅想办法解决。但是，韦师傅虽然有三十多年的经验，却只会按部就班，想不出好的解决办法。

我虽然是生产课长，但也是从技术研发成长起来的，尽管在陶瓷制作经验方面和韦师傅差得远，但在思维方式上却有所不同。于是，老板就找我商量提升效率的方法。

我受命后，打破常规，开始在陶瓷的工艺特性和制作流程方面寻求方法。考虑到陶瓷素坯在浸釉浆前具有很强的吸水性，我让施釉部主管测试新的操作方法：

第1道工序，用含有一定水分的海绵，先对要做“露白”效果的坯体边缘和纹路突出部位擦拭，减弱其吸水性，然后浸釉浆；

第2道工序，擦去坯体底部接触耐火板部位的釉浆，再放进窑炉烧制成成品。

其流程图如图2–3所示：

工序	流程图	操作方式
第1道	素坯施釉 ↓	将挑选过的合格素坯进行纹路及边缘部位擦水，然后浸入调制好的釉浆中
第2道	擦去底部釉浆并烧成	将底部接触耐火板部位釉浆擦去，放进窑炉烧制成品

图2–3　豆青釉系列陶瓷（创新后）施釉流程

经过几次测试，优化工艺流程的方式取得很大的成功，不但将原来的五道操作工序减少为两道，同时做出来的层次效果也更自然。

测试结果得到老板的肯定后，我让施釉部主管采用优化后的流程生产，结果生产效率一下子提高了近11倍，返工率也大大降低。原本16个员工1天才生产400套左右，返工率高达20%以上；后来7个员工1天生产1900多套，返工率降低到1.5%以内。

更新管理干部的守旧观念

我把落后企业的管理干部不敢创新工艺流程的原因，归纳为以下三个方面：

1. 缺少敢于创新、不断创新的思想观念

我给北京大学汇丰商学院EMBA班学员讲授管理课程时，分享过我

的理念：管理是静态的，企业家是动态的。管理是要通过制度、控制等手段，把动态的事态固化成一定的管理模式；企业家要不断打破常规的、僵化的模式，进行有效的、有益的、科学的创新，让资本创造出更大的价值。

企业干部不仅要把动态的事态固化成一定的管理模式，更要有创新的思想和理念。工艺流程创新，就需要打破僵化的、低效的传统模式，用简洁、高效的流程取代冗长、低效的流程。创新工艺流程，不等于简单复制别人的模式，只有从思想上树立创新的理念，才会主动寻找创新的“焦点”，付诸创新的行动。

2. 不愿否定自己和过去

思想保守的管理者，没有否定自己的勇气，喜欢躺在过去的功劳簿上，不愿再创新。

创新就是突破“短板”。可以说，任何企业、任何生产现场，都存在“短板”。工艺流程创新就是不断否定自己和过去，不断突破一个又一个短板，达到高效率、高业绩的目的。

3. 不会寻找更好的流水线工作方法

保守的生产线干部，缺少动脑筋思考的习惯，不会为高效工作寻找更好的流程和方法。这种保守，制约了工艺流程创新和工作效率提升。

其实，工艺流程创新就是要为流水线找到更加高效的方法。企业应该根据具体情况，积极寻找高效方法，让创新成为一种理念和习惯。

专家建议

企业应该把工艺流程创新作为生产干部职务考核的要素，通过追求工艺流程创新提升业绩。这对那些刚从作坊式管理模式脱胎出来的中小企业最有借鉴价值。

经验式管理阻碍生产进步

经验式管理虽然具有实战、实用的特点，但其存在的模糊性、权威性、不确定性、垄断性和随意性，对企业进行科学化、规范化管理造成了很大的制约。

虽然管理学家在划分三个管理时代时认为，自1980年起已经进入第三代管理的“企业文化”阶段，但很多中小企业还是停留在经验式管理的中后期阶段，离真正的科学管理还有很长的距离。所以，陈旧、落后的经验式管理，依然制约着中小企业的生产进步。

正确看待经验式管理

虽然说“经验”是“管理工作”的重要组成部分，但与科学化管理和企业文化的影响、引导式管理相比较，却存在着明显的不足。

1. 经验式管理的优势

虽然许多从事企业管理研究的人对经验式管理说三道四，但经验式管理也并非像有些人贬低的那样一文不值。

在企业建立初期，因为规模小、不规范，没有严格的制度和规范的流程约束，企业创始人依靠自己的经验、魅力、权威实施管理，反而更有号召力，处理问题更高效，管理成本更低。这种优势是科学化管理无法比拟的。

2. 经验式管理的劣势

当企业达到一定的规模或再发展时，企业创始人的个人影响力就会弱化，经验式管理的优势就越来越小，局限性会越来越大。

总的来说，“经验式管理”既无法与“科学化管理”相匹敌，更不具备“企业文化”的影响力和引导性。

专家建议

经验式管理有其优势，也存在一定的局限性。生产管理者不应该采用单一的管理方式，要兼容并包。

注意经验式管理的排他性特征

固守经验式管理的干部，大多存在着文化水平低、视野狭窄、观念保守的消极因素。他们害怕被新的管理模式抛弃，过分放大自己过去的“成功”，消极对待新生事物，所以对科学化管理存在抵触情绪。

在珠三角某市，有一家百人规模的纸箱厂，由5个老板投资建成。其中3个老板在外资企业任职总经理或经理，基本不参与纸箱厂的管理事务。负责管理的2个老板，分别出任总经理和厂长。

按照常理，总经理是主导者。但由于厂长和另外3个老板存在亲属关系，所以厂长成了实际的管理操控者。论年龄，厂长在5个老板中最长；论文化，厂长只有小学学历，又不喜欢读书；论管理理念和思想观念，厂长是5个老板中最保守的。

由于上述因素，纸箱厂在管理方面就带有明显的落后色彩。厂长总觉得自己家族的人是纸箱厂真正的主人，事事都要按照自己的理念去办。从业务到采购、财务、车间、行政等，没有他点头，其他人很难办成事情。对于新的管理理念和经营思想，他一概排斥在外。

这种排他心理，严重制约了企业的发展。虽然工厂已建成好几年，但科学化的管理依然难以渗透其中。

专家建议

排斥科学管理的心理，是经验式管理的致命伤。改变这种消极局面要求企业领导开阔胸襟、拓宽视野，用包容的心态去接受新的管理模式。

如何让“科学”与“经验”博弈

如果没有科学管理理念的冲击，固守经验式管理的干部就会永远停留在保守、落后的管理基础上，继续制约企业的发展。

珠三角那家纸箱厂的董事长认识到问题的严重性后，不得不把厂长的权限削弱，让另外一个在外企当经理的老板出任纸箱厂总经理。遗憾的是，因为厂长是董事长的堂兄，亲情因素让他不能不给厂长留些面子，所以纸箱厂的制约因素依然存在。

新任的总经理思想激进，有想干一番事业的雄心，又在外资企业受过科学管理模式的熏陶，所以想将纸箱厂向科学管理迈进。因为厂长也是5个老板中的一员，又对新任总经理的观点持排斥态度，所以两人经常为管理方面的问题发生争执。严格来说，新任总经理和厂长发生的争执，就是“经验式管理”模式与“科学化管理”思想的博弈。

应该说，纸箱厂的董事长是高明的。正是存在“经验”与“科学”的博弈，新任总经理的激进思想才不会走向极端，纸箱厂才能在稳定中提升。

专家建议

让科学管理理念冲击企业干部的保守思想，是中小企业在稳定中进步的妥善方式。

用人不育人制约利润增长

企业的竞争是人才的竞争。处于发展中的企业，老板和高层领导缺乏梯队式培养人才的思路和意识，致使企业在人才方面面临较大瓶颈。没有人才支撑，企业就只能在低层面管理兜圈子，就只能让“人才瓶颈”扼住自己的咽喉。

狭隘意识影响人才培育和成长

企业用人不育人，在中小企业较为突出。其原因通常表现在两方面：

1. 短视行为

许多中小企业老板读书不多，精神境界不高，办工厂就是为了赚点钱。这样的老板骨子里存在一种“小富即安”的小农意识，只盯住眼前利益，缺少长远眼光，所以不愿在培养人才方面花费成本。正是这种狭隘意识限制了企业的进步与发展。

2. 害怕培养的人才会成为竞争对手

有的老板或高层领导自以为有先见之明，认为本企业的综合条件有限，对打工者的吸引力不够，害怕培养的人才会在掌握技能后跳槽，所以不愿在这方面花费精力和代价。

专家建议

不用发展的眼光看待人才培养问题，企业就会后继乏人，就会永远陷入“人才匮乏制约企业发展”的无奈境地。

人才欠缺导致生产管理恶性循环

笔者在深入企业进行管理变革项目辅导时，走访过不少企业的生产线。那些车间的厂房和生产设备都很不错，但现场生产干部的素养却让人不敢恭维。

珠三角有一家生产皮件的港资企业，两百人的规模，负责生产的厂长居然不会做生产计划，不知道“5S管理”的内容。许多普通的科学管理术语，在他听来都像天书一样，不知所云。用这样的人员当厂长，生产管理的效果可想而知。

我问老板:“为什么让一个连最基本的管理知识都不懂的人当厂长？”老板颇为无奈地告诉我，那个厂长因为会一门调油的技术，也会喷油，原本把他安排在喷油部当主管。结果发现他的工作积极性不够，配合度也差，当主管不称职。于是，想培养一个调油的技术人员，等工作衔接好就辞退他。可能是那个厂长明白了老板的用意，不但使用手段把老板要培养的员工挤对走了，还对自己掌握的调油技术更加保密。

其实调油技术并不神秘，只要了解油漆的性质，懂得配色原理，积累些工作经验就行了。何况皮件厂的调油工作比较简单，与印刷厂或其他彩绘行业对调油技术的要求相差很远。

虽然调油技术并不神秘，但是它耗费时间且依赖经验，如果不培养后备人才，掌握技术的人就成了稀世宝贝，有可能以此要挟上级领导或公司。

从内部培养人员行不通，老板就从外面招聘会调油漆的熟手。结果，招进来的调油熟手还没等熟悉工作，就被喷油部主管整走了。为了保持生产稳定，老板不得不委曲求全，采用明升暗降的方式，提升喷油部主管为厂长，还给他加了薪资，目的就是为了让他培养一个调油漆的技术员，然后辞退他。

我理解周老板的苦衷，但也批评他以前不注重培养人才，以致让那主管夜郎自大。周老板也很后悔自己以前的做法。好在他吃亏之后总结了教训，开始重视人才培养了。

落后思想阻碍效率提升

满足现状、不思进取的心态，是落后企业的通病。注重学习和进步的企业不见得就一定会发展得很好，但缺少学习和进步思想的企业，注定发展不起来。

缺少学习和进步思想，主要体现在以下三个方面：

管理人员的思想吊死在“经验树”上

本章前面提到的韦师傅，被那家港资企业辞退后，自己开办了一家陶瓷厂。因为他是经验型老板，所以使用的也大多是经验型管理人员。

陶瓷厂成立后，凭借韦师傅的深厚资历，工厂很快接到一笔陶瓷罐子的订单。罐子体积较大，高度有40多厘米，订单要求罐子表面平滑，施大白釉，釉表面还要进行电镀装饰。专业人士都清楚，凡是表面电镀的陶瓷产品，都对釉面要求非常高。韦师傅觉得自己是陶瓷业行家，经验丰富，大胆接下订单。结果在生产时，罐子釉面总是有针孔（陶瓷釉面缺陷）。送到电镀厂再经电镀，针孔就更加明显。仅是针孔问题，不良率就超过50%。如果加上前面工序因为开裂、变形、碰缺等因素造成的不良和报废，整个订单的不良率超过 70%。原本一个月就能完成的订单任务，韦师傅带着员工生产了将近 3 个月。交货期一拖再拖，客户怨声载道。

出现如此严重的生产问题，韦师傅既不考虑采用赔款的方式退掉订单，也不深刻检讨，不去寻找降低不良率的方法，而是按照固有的落后经验推断：这样的订单就应该是这样大的制作难度。

陶瓷罐子订单让韦师傅的陶瓷厂亏得一塌糊涂。当时又正赶上亚洲金融风暴，韦师傅不但欠下供应商和加工厂巨额的货款，还欠下员工几个月工资，以及村里的厂房租金、水电费和电话费等。

专家建议

当生产出现严重问题时，果断停线检讨，寻找解决的方法，不失为一种补救措施。管理干部要养成学习的习惯，要学会动脑筋、想办法，不能总是抱住过去的经验不放。

团队负责人不营造学习氛围

电视剧《焦裕禄》中有一句著名的台词：“干部不领，水牛掉井。”

团队营造学习氛围也是一样道理。生产人员有没有学习兴趣，能不能养成学习的习惯，是和生产线负责人能不能营造学习氛围分不开的。一个善于树立学习风气的生产干部，他带领的团队一定是学习型的组织，他负责的部门一定是进步最快、最有执行力的团体。

专家建议

打铁先得自身硬。每一个生产管理者都应该树立努力学习的思想，用学习促进自身能力提升，促进团队整体素养提升，促进生产效率提升，促进现场管理效果改善。

“当一天和尚撞一天钟”的思想在作祟

有些落后企业的干部，由于工作积极性不够、敬业精神欠缺，或对公司信心不足，内心存在“当一天和尚撞一天钟”的消极思想。

有了这种思想，工作积极性、主动性就会打折扣，与上司、同事的配合度也会降低。

曾先生原本是一家台资企业的生产部副经理，在他负责生产部时，老板虽然对生产管理效果不太满意，但曾先生工作还是认真负责的。后来被降职为生产部课长，曾先生一改过去的状态，开始抱着“当一天和尚撞一天钟”的灰暗心态混日子。一天上午，行政部例行检查宿舍，发现他在上班时间躲在宿舍看足球比赛，结果不但被通报批评，还被罚了款。

曾先生的消极心态，既阻碍了自身的发展，也让公司蒙受了不应有的损失。

专家建议

对于“当一天和尚撞一天钟”的干部和员工，应该采取“多换思想少换人，不换思想就换人”的方式。既要治病救人，更要惩前毖后。

缺少解决问题的意识

在我的著作《带着答案来找我》中，有这样一段话：三流干部成事不足，败事有余；二流干部被动思考，问题上交；一流干部勇于担当，寻找答案。

我在外资企业管理生产13年，又在咨询培训界从业近10年，对企业状况知之甚透。企业需要什么样的干部？当然是能在工作中发现问题、思考问题、带着解决问题的答案去见领导的负责任干部。

而落后企业的管理干部在遇到问题时，常常是“推诿、扯皮、逃避、找借口、抱怨多”，没有认真对待问题的责任意识，缺少分析问题与积极解决问题的主动性。

遇到问题，缺少主动解决的意识

笔者总结了导致管理干部遇到问题“推诿、扯皮、不负责任”的三个重要原因，具体如下：

1. 不思进取的心态扼杀了工作主动性

没有进取心的干部，意志是消沉的，工作没有主动性、得过且过。这样的心态不但影响所辖管理范围的工作成绩和整体业绩，还会让公司蒙受不应有的损失。

2. 缺少工作责任感导致借口多、抱怨多

缺少工作责任感的干部，不会为高效完成工作任务寻找好的方法。相反，他们会在分配工作任务时斤斤计较，为完不成任务寻找借口、牢骚满腹、怨声载道，却不愿查找自己的原因。

3. 缺少主动解决问题的意识

思想消极、喜欢抱怨的干部在遇到问题时，没有主动解决的意识，而是推诿扯皮，将问题上交给领导。而工作态度端正的干部在遇到问题时，会认真对待问题，透彻分析问题，积极寻找解决问题的方法。

专家建议

对于消极对待工作、不愿承担责任的干部，既不要一棍子打死，也不能姑息迁就。高层领导要本着治病救人的心态，努力争取其转变。对固执己见不愿改变的干部，必须将其拿下，否则会让其所负责的区域处于被动境地。

错失解决问题最佳时机导致的成本

企业存在的不少棘手问题，原本只是小问题，但是由于没有及时解决，或者错过了最佳处理时机，最后酿成了不可收拾的棘手问题，不得不花费几倍甚至更高昂的代价去解决。

顺德有一家生产家具的中小企业，在生产一个国内订单时，木工部主管发现木板封边有问题，就让操作封边机的员工停下来进行检查，并请维修部技术员修理封边机，然后继续封边。那些已经封过边的木板，几乎每一块都有瑕疵，应该返工。但是主管因为怕麻烦，就让封边有瑕疵的木板直接进入了下道工序。结果，半个多月后，这笔订单的货因为封边的瑕疵全部被退了回来。

生产线上许多问题，就是这样从一个不起眼的小异常，一步步演绎成不可收拾的局面。因为退货问题，木工部主管被老板训得狗血喷头。这时候，木工部主管非常后悔。如果在发现木板封边有问题时就及时返工，工作量并不大。等到客户退货后再返工，不但要拆除包装和配件，已经组装在一起的部位也要小心拆开。仅返工投入的人工一项，就比最初发现问题时及时处理要多好几倍。很可能还会导致木板和其他配件报废。

为解决客户退货问题，工厂不但要承担返工的人工、物力、损坏的材料费用，还要赔偿给销售商造成的损失。

专家建议

管理者的职能之一，就是主动寻找工作中存在的问题。要善于发现问题，认真思考解决问题的方案，积极解决问题。

让问题成为困扰效率和品质提升的绊脚石

几年前，我在深圳龙华新区讲“低成本卓越现场管理”课程时，有个小企业的老板不断去门口接听电话，被我批了一顿。以我的经验，如果当老板的连听一天课也不能安生，就说明这家企业一定存在很多问题。

课程结束后，那位老板诚心向我道歉，并说明他的公司问题太多：干部工作不得方法，主动性不够，遇到问题就报告给老板。他请我指点迷津。

其实，那位老板反映的是落后企业普遍存在的共性问题。我给他分析：企业的生产效率上不去，品质不稳定，存在的问题多，一般是由以下三个重要方面造成的。

1. 老板失策造成的干部能力不足

有些效益不好的中小企业补充干部时，老板怕增加招聘成本，就在内部提拔。可是如果提拔干部都采用内部晋升的方式，宁可在“矬子里面挑将军”，也不愿花成本引进有能力的人才，就会势必造成“小马拉大车”现象。

2. 干部素养低又缺少上进心

物以类聚，人以群分。管理落后、效益低下的企业存在一个共同的现象——干部综合素质低，上进心差，不愿学习，只想当“和尚”（占着职位领工资），却不想好好“撞钟”。

3. 企业对干部培养不够

干部能力不足和老板不愿花成本培养有直接关系。这样形成恶性循环：企业越是怕在培训干部方面花成本，干部的管理技能就越难以提升，管理效果就越差，企业就越难提升效益。

专家建议

要搬开“问题”这块绊脚石，必须从提升干部的素养和管理技能入手。

士气低落和执行力欠缺

士气，是员工高效工作的激情！

士气，是团队提升绩效的动力！

士气，是企业发展自我、战胜对手、走向强大的最给力武器！

员工拥有了高昂的士气，就能成为让领导器重、单位依赖的职员，成为职场的优胜者；团队拥有了高昂的士气，就能让业绩得到快速提升；企业拥有了高昂的士气，就能从弱小变得强大，从胜利走向更大胜利。士气在管理中所起的重要作用，已经被越来越多的企业管理者高度认可并大加弘扬。

士气低迷，是影响效率提升的无形成本

员工缺乏士气，工作没有热情，得过且过、敷衍塞责，抱住“当一天和尚撞一天钟”的心态在单位混日子，最终成为单位的累赘或毒瘤；团队缺少士气，斗志低迷、效率低下，不会产生好业绩。这样的团队是企业的负担。公司士气低落，给人的感觉压抑、沉闷、没有发展生机。这样死气沉沉的公司没有竞争力可言。

专家建议

企业要生机盎然，就要把员工的士气激发出来，让团队充满热情和激情，强化战斗力和执行力，提升企业竞争力。

士气低落，是造成企业竞争力弱化的软成本

在落后企业生产现场，很难看到员工的工作激情和团队士气。没有士气的生产线，在同行业就缺乏竞争力。

有些企业，生产设备和其他硬件设施在同行业占绝对优势，因为士气低落，最终出现了亏本经营现象；也有一些硬件设施落后的公司，因为士气高昂，反而一步步做大做强了。这些反差因素，给了我们如下启发：

1. 没有士气，就没有战斗力

淮海战役时，解放军凭借高昂的士气，打了一场“60万歼灭80万”的以少胜多、以弱胜强的硬仗。苏联领袖斯大林这样称赞：“60万战胜80万，奇迹！这是世界战争史上真正的奇迹！”企业管理和军队打仗有许多近似的地方。没有士气，就不能创造好业绩！

2. 没有士气，就没有竞争力

兵法云：狭路相逢勇者胜。士气在战争中的作用如此巨大，在企业管理中也不容小瞧。军人出身的企业家任正非，将毛泽东创立的军事思想运用在商业竞争中，借助士气构建起强有力的华为团队。他带领这支士气高昂的

团队，击败一个又一个强大的对手，让华为屹立于国际商业之林。

执行力差是造成订单和生产计划不能达成的综合成本

因为执行力差导致的生产计划不能有效达成，订单不能及时出货，是困扰企业高层的重要因素。

而士气在企业管理中的重要作用，并没有引起落后企业管理者的重视。对生产线而言，没有士气，就没有效率可言，就没有完成订单和生产计划的执行力。

03

树立理念，创新突破利润瓶颈

对企业管理来说，“提高效率，为企业增加利润才是硬道理”。效率，是降低成本、提升利润的条件；利润，是企业发展的基础。

衡量一个企业的管理水平，是看其是不是高效、赢利的单位。如果一个企业效率和利润是低下的，就算拥有宽敞明亮的办公楼、厂房和精良的设备，也不能称其为优良企业。

因此，营造“效率至上、利润至上”的工作心态，树立“利润为王”的管理理念，是现代企业的最佳选择。

效率是利润倍增的条件

有的生产干部说："效率，就是生产的速度越快越好。"其实这只是狭义、偏颇的理解。仅仅速度快是不行的，只有能保证单位时间内生产的产品是完全合格的，才叫效率。

为了能更加清楚地了解"效率"的概念及对企业的重要性，我从以下几个方面阐述提高效率的意义，以强化企业对提高生产效率的认知和重视。

效率是最给力的利润倍增条件

提升生产效率既是降低生产成本的最简单、最直接、最有效的方法，也是管理效果的最佳体现。对生产管理者来说，最能显示管理水平的因素，莫过于提高效率。

1. 没效率就没有发言权

我们来看这样一则案例：

胡小姐初中一毕业就出来打工，凭着过硬的彩绘技术，从一线员工成长为班长、组长。后来，胡小姐进入东莞市一家正在筹建的生产陶瓷工艺品的大型台资企业，任彩绘部主管，成为工厂"元老"级干部。她既忠诚可嘉，又任劳任怨，深得老板的信任。

几年后，随着公司规模扩大，彩绘部从原来的300多人扩充到将近1000人，部门也由1个裂变成2个，分为A、B部门。胡小姐被任命为彩B部门主管，管辖员工近500人。

两年后，公司规模再度扩大，彩绘部扩充到1800多人，部门裂变成3个，分为A、B、C部门。胡小姐仍担任彩B部门主管。

尽管胡小姐一直深得老板的器重与信任，但她的工资却不比后来入职的两位主管占有优势。在胡小姐看来，自己的入职时间要比彩A、彩C部门的主管早，彩绘技术也最过硬，自己的工资理当高过他们。胡小姐感觉心里委屈，就找经理说理。经理给了胡小姐两个理由：

第一，彩A和彩C部门的主管虽然比胡小姐入职的时间晚，但他们2人都是大专毕业，在别的公司做过比彩绘主管更高的管理职位，占有学历和综合管理优势。

第二，彩A和彩C部门的生产效率比彩B部门高。这说明后入职的这两位主管更注重管理方法，给公司创造的价值更大。

所以，公司领导在制定工资标准时，将后入职的两位主管的工资与“元老”级主管胡小姐拉平了。

经理还告诫胡小姐：“生产部门主管的特性和职能使命，不只是要求主管专业技术过硬和兢兢业业做事，更重要的是能采用可行的管理措施调度生产，用有效的工作方法管理和协调人力，将部门所有人员的积极性调动起来，将生产安排顺畅，将生产效率最大限度地提高。部门主管要学会用有限的人力、设备、空间、技术，为公司创造更大的经济效益。”

经理的一席话让胡小姐明白了一个道理：不管资历多么老的生产主管，如果负责的部门生产效率低下，在公司领导面前就没有发言权。

2. 有效率才会有机会

有一次，我在给企业管理干部讲授“如何提高生产效率”课程时，某电子厂老总在课间休息时向我咨询一个问题：“刘老师，我们工厂新建一个分厂，需要从几个车间主任中物色一位任分厂厂长。通过初步甄选，有两个车间主任在能力和资历方面不相上下，但我还没有确定到底提升哪一个。想听听您的高见。”

我给他建议道：“既然两个车间主任的能力和资历不相上下，你可以采用另外一种考核方式——测试他们在生产效率方面的表现：一是核查他们各自负责的车间生产数据，从中总结出哪个车间的生产效率更高；二是将工作量相等的生产任务交给两个车间，并规定完成的时间，看各自的完成情况。”这种考核方式尤其要注意客观性，不要向他们讲明是在考核。将任务交给他们后，暗中观察，看谁采用的方法更得当，使用的人力更节减，完成的效率更高，头脑中的效率观念更强。”

两个月后，这位老总兴致勃勃地告诉我：“刘老师，我采用您说的方法，用分配相同生产任务的方式，考验两个车间主任在提高生产效率方面的表现。其中一个车间主任表现出色，我已任命他为分厂厂长。老实说，在现场管理方面，生产效率这个问题是我关注的焦点。我现在物色干部，不管他的资历有多老，学历有多高，只要他负责的部门生产效率上不去，我就一票否决。”我开玩笑地问他：“以前你是怎样做的？”他歉意地笑道：“如果是在以前，我会直接从中确定一个，公布出去就是了。现在不行了，订单不好接，生产成本高，再不注重生产效率，工厂就没办法生存下去了。”

专家建议

管理干部要时刻绷紧“效率”这根弦。既要掌握高效工作的方法，更要树立“高效生产”的理念。

用对比法提升工作效率

我在外资企业担任高管时，曾多次批评一些中、基层干部身上存在的“60 分及格、80 分万岁”的问题。给中层或基层干部讲授“领导力”和“管理人员素养提升”课程时，也常告诫学员“自我满足、自我陶醉”的心态不可取，它会阻碍你工作效率的提升。

1. 树立超越同事的思想

我曾经在培训课堂上与学员们一起算过一笔账。假设某团队有 10 个人，每个人都在前面同事效率的基础上发挥正常水平，那么这个团队的工作效率就与原来持平。

$$1\times1\times1\times1\times1\times1\times1\times1\times1\times1=1$$

如果我们用消极心态做事，每个人在同事的基础上只发挥 0.9 的水平，得到的最终效率，就只是应得效率的三分之一。

$$0.9\times0.9\times0.9\times0.9\times0.9\times0.9\times0.9\times0.9\times0.9\times0.9\approx0.35$$

反过来，如果我们树立起超越同事效率的思想，都用积极的心态对待工作，每个人都在同事的基础上超越 0.1，其结果就是原来效率的 2.6 倍。

$$1.1\times1.1\times1.1\times1.1\times1.1\times1.1\times1.1\times1.1\times1.1\times1.1\approx2.6$$

管理干部若能激发部属树立超越同事的工作热情，将会使得团队整体工作效率得到可观的提升。

2. 向行业效率最高标准挑战

和周边的同事比效率，能使团队整体生产效率在工厂内部得到提升。真正优秀的生产干部，除了使自己的生产团队在工厂内部表现优秀，还会将目光投向外面的大环境，了解同行业的生产效率，并向行业最高效率挑战。

以前我在企业担任生产课长时，就常和同行的生产管理者闲聊行业的生产效率情况。当听说哪家工厂在同类产品生产方面的效率比我们工厂高，我就想办法打听那家工厂采用什么样的方法，或者组织生产线干部和技术员讨论提高效率的方法，争取将生产效率提升到同行业最高水平。

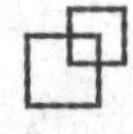

专家建议

优秀的生产干部会积极学习别人的优点，不断督促自己向更高目标努力。

寻找岗位工作效率瓶颈

每一个有上进心的生产干部，都应该经常问一问自己：“你个人的工作效率还有提升的空间吗？你部门的生产效率还有提升的空间吗？”当我们这样问自己时，就会启发我们思考更好的工作方法，用来提高工作效率和生产效率。

1. 目前的个人工作效率是否最高

我在讲授“高效工作技巧”课程时，有学员问:“刘老师，怎样才能知道我在工作时的效率是不是最高的？”我建议他采用“参照”的方式:

第一，参照自己以前做过的同类工作使用的时间和取得的成果。

第二，参照同事所做的同类工作使用的时间和取得的成果。

第三，可以请上司或经验丰富的同事，给自己当时的工作效率进行评判或打分。

一个人如果养成了高效工作的习惯，就会对工作效率进行自我督导，鞭策自己不断提高工作效率。

2. 目前的工作方法是否最好

一个人要提高工作效率，除了兢兢业业做事外，最重要的是找到正确的工作方法。

我在一家民营企业任行政经理时，起草了几项管理制度，打印出来给总经理审阅。总经理提出将管理制度中的“公司”改为“工厂”。我的事情比较多，就将此事交给新进文员张小姐处理。两个小时后，我问张小姐处理好没有，被告知才处理不到一半。

我问张小姐是怎样处理的，她告诉我，是在Word文档上，一边阅读一边修改。我知道张小姐是对Word文档使用不多，就告诉她点击文档上方的“编辑”按钮，使用“查找（F）”功能，在“查找内容（N）”的空白处输入“公司”，再点击对话框最下方“查找下一处（F）”按钮，文档中的“公司”就能一一找出来了，然后根据需要将其修改为“工厂”就可以了。

另一位文员看到后，也热情地帮忙想办法。她告诉我们：其实还有更快捷的方法，直接用Word文档的“查找与替换”功能，直接将查找到的内容“公司”统一替换为“工厂”，操作非常简单。

我告诉她们:“虽然这样的方式更简单快捷，但一定要慎用。因为电脑比较机械，有的地方替换后并不合适，电脑也会统统替换。”她有些不理解。我给她解释道:“比如，我们要将‘公司’修改为‘工厂’，只是要修改在管理制度内容中出现的‘公司’。如果采用‘全部替换’的方式，电脑系统会将管理制度最后面落款的公司全称中的‘有限公司’也给替换掉。”她明白了我的意思，很快又给我们建议道：“那就先点击‘查找下一处（F）’按钮，再点击‘替换（R）’按钮。这样点击2次按钮就能替换1处，也比点出1次输入1次要快一些。”

张小姐采用那位文员教的方法，不到10分钟，就把剩下的管理制度修改好了。

现在回想一下，张小姐原来花费两个多小时，修改不到一半。找到最好的方法后，只用了不到10分钟时间，就完成了剩下的一多半。工作效率提高了十几倍。

寻找部门生产效率瓶颈

笔者在给一家生产线材的企业进行管理变革辅导时，曾问押出车间课长：“你们部门的生产效率还能再提升一些吗？”他很肯定地摇摇头：“刘老师，我们的押出设备运行已经达到最高速度了。按照机器当前设定的运行参数，已经是最高值，再调高的话，一定会出问题。”

由于我对线材生产和押出车间的生产工艺不了解，没办法与该课长从工艺细节方面讨论提高效率的问题。但我在外资企业管理生产10多年，对生产线了如指掌。这些年又从事企业管理培训、咨询和管理变革辅导工作，凭直觉，我就知道押出车间的生产效率还有提升的空间。于是，我就让生产经理督导押出车间，和该车间干部一起想办法。虽然他们没有直接加快押出机的生产效率，但却采用人员优化组合和末位淘汰机制，将操作押出机的员工从8人减为6人，而产量丝毫不受影响。这种方式等于变相将生产效率提高了30%以上。

俗话说，“条条大道通罗马”。对生产干部而言，只要肯动脑筋思考，就可以发现许多直接或间接提高生产效率的方法，突破部门生产效率瓶颈。

好品质、好结果是利润倍增的要素

许多人把“品质”理解为“产品质量”。这是狭隘的解读。品质，既是产品的质量，更是我们工作的质量。

生产干部在管理品质时，既不能走“一点点瑕疵无所谓”的老路，也不能走“品质越精良越好”的异路。一句话，不要让企业在品质方面投入无谓的成本。

以客户眼光给自己的产品品质打分

在品质管理和控制方面，生产干部不要等客户投诉和品质管理部门督导，应自觉按照客户要求管控在制品的品质标准。必要时，生产干部可以采取自我打分的措施，组织操作人员自检品质，用客观方式对在制品进行自我评判。

以前我在外资企业管理生产时，坚持推行“三检”制度：自检、互检、完检。尤其是“自检”，让操作员自己了解本岗位的品质状况，对控制品质稳定相当有效。

“三检”制度实施后，返工现象明显减少，退货率降为零。生产成本得到了有效降低。

专家建议

生产干部要扭转落后的品质理念，督导操作人员落实“三检”措施，保持品质稳定。

解决品质问题要从加强意识开始

越来越多的企业认识到了品质的重要性。但很多企业对“品质管理技能”重视有余，对“品质意识”的作用认识不足，以致造成企业为品质管理投入过多人力物力，效果却不尽如人意。

海尔电冰箱也出过质量问题。张瑞敏为了收到实效，做出了“将不合格电冰箱全部砸毁”的决定。并且规定由生产次品的责任人和直接领导一起砸。76 台不合格的冰箱在大锤下一个个被销毁。铿锵有力的大锤声，砸碎了海尔人“一点点瑕疵无所谓”的落后观念，砸醒了干部职工固有的质量意识，也砸出了一个响当当的“海尔”品牌。

在中国人的传统习惯中，只有从思想上认识到了某项事物的重要性，才会引起足够的重视。

完成任务不等于好结果

所有的企业干部可以归纳为以下三种类型：

第一种，工作消极，牢骚抱怨型。“牢骚抱怨”型的干部很让上司伤脑筋。不管交给他什么样的工作，也不管工作量大小，他都会牢骚满腹，对工作提要求、讲条件、斤斤计较，工作完成的效果让人不敢恭维。

第二种，应付工作，完事交差型。“完事交差”型的干部缺少上进心，常常抱住“60 及格，80 分万岁”的心态做事情，对上司交给的任务，勉强完成交差了事。

第三种，做事努力，追求卓越型。“追求卓越”型的干部在工作量大时不抱怨，工作困难时不退缩，积极寻找解决问题的方法，用“老板心态”做事情。

不管是大型企业还是中小企业，都有管理干部供职。为什么只有少数干部能得到晋升的机会，大部分干部只能保住现有职位，个别干部甚至是淘汰出局的下场?

那些“只能保住现有职位的干部和被淘汰出局的干部”在说到领导交办的工作时，常常会理直气壮地说：我完成任务了!

在培训课上，我常常强调一个观念：“完成任务，不代表收到了好的结果。只有‘高标准’完成任务，超出领导的期望，才是优秀干部的工作方式和素养。”

我在佛山市给企业管理干部讲授“成本控制与利润提升”时，有一位学员是一家电器制造公司的品质部经理。他分享了一个发生在他的下属身上的案例。

他所在的电器制造公司，有A、B两个生产车间的不良率都超过了2.5%，并且一直居高不下。他派检验员小赵和小孙，分别前去驻守，希望他们在1个月内，将自己负责的车间不良率控制在1.5%。

小赵到A车间后，按部就班开展工作，一丝不苟地检查每一个产品。在检验中发现的问题，小赵像以往一样及时告诉车间主任。1个月期满后，小赵完成了任务，将A车间的不良率控制在1.5%，然后拿着数据回品质部交差了。

小赵的做法，代表的是大部分干部的做事方式，也是“完事交差”型干部的典型。

再看看小孙是怎样做的。小孙到B车间后，除了像小赵一样认真检查每个产品外，他还请B车间主管配合自己，对员工进行品质意识培训，要求大家在工作中做到“三不”，即“不制造不良，不接收不良，不传递不良”。B车间主管被小赵的诚意和责任感打动了，积极配合他的工作，要求生产线员工严格执行自检、互检制度，将不良率消灭在制造过程中。1个月期满后，小孙也回品质部交上了自己的成绩答卷：将B车间的不良率控制在0.9%以内。

这个案例给生产干部的启示是：

1. 不能以领导的要求标准为最高目标

小赵如果抱着精益求精的工作态度，像小孙一样积极想办法，相信他也一定能让A车间的不良率降到1.5%以内，甚至低于1%。遗憾的是，他只是想完成领导交代的“将A车间不良率控制在1.5%”的任务，将领导要求的标准当作自己工作的最高目标。

一般来说，领导所提的要求都是合理的。有时候，基层干部觉得领导的要求高，其实是他们对自身的要求过低了。

2. 想办法让结果更好一些

在生产管理中，只要肯动脑筋，很多问题都能想到更好的解决方法。比如小孙，他的方法是对员工进行品质意识培训，要求大家做到“三不”。

其实这样的方法非常简单，根本不存在智商高低的问题，小赵也同样能想到这样的方法。如果我们抱住“让结果更好一些”的思想意识，相信每个生产干部在提高工作效率和效果方面，都能想出好方法来。

3. 优秀干部要超越领导的期望

有些基层干部常常抱怨领导不器重自己，不给自己更大的发展平台。其实这是心态消极的表现。想让领导重视自己，自己必须在工作上多努力，让工作结果超越领导的期望。

小孙因为完成任务的结果超出了经理的期待，让领导刮目相看，很快受到了重用，被提拔为QC领班。

专家建议

生产干部要学会“以结果为导向”，力争超越领导的期望，保持高质、高效，努力将工作任务完成得更出色一些。

持续创新，让利润源源不断

对企业经营者和管理者来说，创新是永恒的话题。没有持续不断的创新，企业要赢利、要发展，都是空话。

就企业而言，创新，应该是自上而下的。首先，企业高层要从宏观上大力倡导创新，做创新的领导者和参与者，鼓励、推动各职能部门开展创新。同时，企业高层要对创新给予指导、引领，避免盲目创新和不切实际的无效创新。

有效的创新，能为利润倍增添薪助燃。而盲目、无效的创新，则会额外增加企业的成本，成为摧毁利润的罪魁祸首，这就失去了创新的意义，违背了经营者倡导创新的初衷。

战略创新，决策者要有“新脑袋”

笔者曾经指导过一家生产家电的民营企业实施管理变革。该企业董事长高先生深谙创新的重要性，积极领导并组织创新工作，令企业获益良多。该企业在分体式空调工艺基础上组织创新研发的移动空调，因体型小巧、可在室内自由移动、耗电量低、终端售价在1500元左右，在市场上颇受欢迎。据销售部总经理介绍，2015年夏天，该款移动空调在天猫的销量进入了家电类销售排行前四名。

用高先生的话说：“企业家要有一颗‘新脑袋’，不断吸收新知识，为企业带来新能量。”高先生对于创新的认知，代表着众多成功企业家的理念。只有决策层重视创新，企业才能持续创新，为发展带来源源不断的生机。

专家建议

企业经营者要重视创新，高层管理者更应积极对待创新，让经营者的创新理念贯穿在企业经营管理中。

文化创新，让利润永葆青春

文化，是企业的精神支柱。什么样的企业文化，造就什么样的企业。好的文化对企业职员具有良好的导向和引领作用。

构建创新型企业文化，需做好以下七个方面的工作：

1. 领导者率先转变观念

古人云：贤明者以己之昭昭而使人昭昭。企业构建创新文化，领导者的思想观念一定要跟上企业要求。

2. 做好创新文化的布道工作

董事长、总裁、总经理要成为创新文化的布道者和首推者。

3. 大力宣传，让“创新”深入人心

人力资源和行政部门要采取多种方式宣传创新，鼓励创新，推动创新。

4. 开展多种形式的创新活动

研发、生产、仓储、质量等部门负责人，要结合本部门实际，通过宣讲、培训、督导、比赛、激励等措施，组织开展多种形式的创新活动。

5. 对在创新方面表现优秀者，给予精神与物质激励

海底捞火锅店有个叫包丹的员工在服务顾客时想出一个创意，用一个大小合适的胶袋把顾客放在餐桌上的手机套起来，以免溅上汤水。公司就把这种胶袋命名为“包丹袋”。在给予创新者命名激励的同时，还给予一定的物质奖励。榜样的作用是无穷的。“包丹袋”激发了许多员工动脑筋进行服务创新。

6. 勤总结，提高创新质量

成功的创新要总结，失败的创新也要总结。总结失败的创新，不是追责任，而是降本提质，尽量减少无效创新。

7. 做分享，减少创新成本

许多创新都是有成本的。对已结束的创新进行经验分享，不但能巩固创新者的成果，还能为类似的其他创新提供参考作用。借他山之石以攻玉，是提高创新效率、降低创新成本的有效措施。

专家建议

构建创新文化，企业经营者和高层领导必须高度重视并率先垂范。

组织创新，为利润倍增打造学习型组织

这里所说的组织创新，是倡导把那些创新理念好、头脑灵活、学习能力强的职员吸纳到管理层或决策层，以此激发组织活力，构建积极向上的精

英团队。

事实证明，越是已经成立数年仍未发展起来的中小企业，越需要实施组织创新，吸纳一些创新理念好、学习能力强、活力四射、精力充沛的职员，将原本的墨守成规、因循守旧的“半休克”组织激发出活力，打造一个灵活应变、事业心强、领导力强、执行力强、勤于创新、热爱学习的经营管理团队，为企业利润倍增和可持续发展奠定组织基础。

专家建议

构建学习型组织，是企业降本增效、持续发展的重要条件。

管理创新，给企业插上利润倍增的翅膀

管理创新的决策和实施，在于管理者。所以，企业要获得更多利润，必须从抓管理干部入手，重点做好几个环节的工作，达到管理创新的目的。

1. 重用关注成本与利润的干部

企业领导者在甄选管理干部时，要把成本和利润元素作为考核的重要因素。

2. 管理，从“任务导向”向“结果导向”转变

以“完成任务为导向”的管理干部，常常抱着“完成任务就交差”的消极心态做工作，很少关注成本因素，导致企业利润被居高不下的成本蚕食。

3. 管理创新，重视效率与成本

效率和成本，是构成利润的两个重要元素，也是两个极重要的管理结果。

4. 关注过程，将浪费消灭在萌芽时

许多浪费都发生在过程中，因此，过程控制的效果最能反映生产现场的管理水平。

5. 多总结，多检讨

在管理工作中，检讨，是纠错的可行方式；总结，则是经验沉淀的重要举措。

专家建议

对于发展缓慢的中小企业，更应该在管理创新方面多做努力。

技术与研发创新，精准聚集利润

技术、研发创新是企业持续获利、基业长青的重要因素。但对综合实力偏弱的中小企业来说，技术和研发创新其实是双刃剑。有效的创新，能帮助企业永立不败之地。而盲目、无效的创新，则会让企业徒增成本，甚至带来灾难。因此，建议中小企业在技术与研发创新方面，尽量遵循以下三点：

1. 量力而行

许多中小企业在资金方面并不宽裕，在实施技术、研发创新时，要根据财务状况，尽量不要贪大求洋。个别需要花费大额资金的创新项目，最好能分阶段实施，不给财务造成太大压力。

2. 结合企业现状

企业现有设施、机器、工具等，能使用的，就不要重复购买。本单位技术人员能任用的，就不要外请。这样就能把创新投入掌握在可控状态。

3. 将创新聚焦在关键点上

中小企业在实施技术与研发创新时，摊子不能铺太大。创新项目太多时，要认真权衡、斟酌，并按照类型、紧迫程度、资金投入数额、创新后给企业带来的价值等要素，进行归类、排序，把创新目标聚焦在一个或几个点上，分批次、分阶段实施。

专家建议

中小企业创新，考验的是经营管理者的智慧和责任。

生产创新，以机代人增利润

随着人力成本不断攀升，生产自动化已成趋势。在制造业聚集的珠三角和长三角地区，政府部门已经出台了机器换人的补贴措施。由此可见以机代人的价值和火热趋势。然而，用机器取代人工并非全是优点，也要客观看待机器代人的局限性。

广东省有一家生产微波炉的企业，几年前投资数千万元，将26条包装线换成机器人。结果，广东夏季的高温潮湿天气对机器人包装线造成严重困扰。不到半年时间，所有的机器人包装线又全部复原到人工作业。

中小企业在实施机器换人时，有以下问题要慎重考虑：

评估企业财务承受力，量力而行；

评估引进机器人的适用性和性价比；

了解机器人的局限性和容易出现的问题；

现有的环境、场地是否适应机器人作业；

机器人生产线的标准产能；

机器人生产线与整体生产线的协调性；

机器人生产线的数据采集；

机器人生产线的科学管理。

专家建议

自动化是一把双刃剑，在实施前，要从多角度对其利与弊进行可行性评估，减少后遗症。

服务创新，先内后外意义大

说起服务，大家首先想到的是让外部客户满意。其实，内部客户服务同样重要，甚至直接影响着外部客户服务的质量。因此，现代企业经营管理对服务提出了更高的创新要求。

1. 内部客户服务要做好

企业建立内部客户服务机制，是解决内部服务问题的有效措施。在企业内部，工序之间、流水线之间、班组之间、部门之间、上下级之间、分公司（分厂）之间，都存在内部客户服务的关系和职能。

许多人对内部客户有错误的认识，认为后工序是前工序的客户、后部门是前部门的客户、上级是下级的客户。其实，前后工序之间、前后部门之间、上下级之间是互为客户的。比如，下级要完成上级交办的任务，上级应是下级的客户。但为了更好地完成任务，降低成本，上级要采用书面或口头形式，提前向下级提出完成任务的时间、数量、质量、要求等事项，并为下级提供相应的支持（物资、工具、设备、技术、场所、运输甚至人力），这时候，下级就成了上级的客户。部门之间、分公司（分厂）之间亦是如此。

2. 外部客户服务要适度

“客户就是上帝”这句话，被许多企业作为标语挂在公司办公室或车间里。其实“客户就是上帝”是个伪命题，误导了不少中小企业。

企业对客户的服务，要建立在有价值、有利润的基础上。对那些给企业带来高利润的客户，一定要当作上帝去服务。而对于那些购买产品数量少又死命砍价、百般挑剔、经评估又没有合作价值的刁蛮客户，如果也当作上帝去服务，势必导致“过度服务”。企业的服务是有成本的。合情合理的服务是必需的，但过度的服务则要考虑其必要性。

专家建议

服务创新，是微利时代企业在经营管理中要认真考虑的问题。

扩充管道，寻找突破生产利润瓶颈的措施

企业要发展，利润增长是必由之路。生产要高效，扩充管道是明智之举。

如何通过扩充生产管道提高企业利润?

这是一个很大又很细的管理课题。所谓“很大”，就是要注意宏观协调性，让生产管道扩充与本公司的业务营销能力、财务承受能力、人力资源供给能力、后勤保障能力、产品研发能力、机器设备运转能力、仓储配套能力、厂房承受能力等综合因素相对称。

所谓“很细”，就是要考虑支撑生产效率提升与管理效果的生产计划、工艺流程运作、工艺技术水平、干部管理技能、员工操作技能、品质状况、现场空间、工序衔接等细节方面的事项要做到位。

扩充生产管道，实现利润倍增，既要考虑宏观因素，也要注重微观细节。

一般来说，扩充生产管道有两种方式：一种是局部扩充，从局部入手解决瓶颈问题；另一种则是整体扩充，也就是生产线各个部分、各个环节都同步扩充。

如果企业在营销方面占有优势，财务、人力资源、后勤保障、产品研发、厂房等综合因素能够跟上，则需要整体扩充生产管道。一般来说，绝大部分中小企业在经济下行时，需要的是采用局部扩充方式提升生产能力。

不管是整体扩充还是局部扩充，企业都需要积极思考，主动运作。

主动出击找方法

扩充生产管道，就是实施生产变革。在经济下行时期，同行业的许多工厂都在寻求变革，不主动变革的工厂，势必会陷入被同行挤对的被动境地。

1. 被动应对会让企业倒闭

1997 年后，大量的外资投资者拥入广东。随着工厂数量的骤增和世界经济的不确定性加剧，外销市场萧条，出口订单越来越难接，市场竞争日趋白热化。

有先见之明的企业老板，一方面转换营销方式，向内销转型；另一方面则苦练内功，从扩充生产瓶颈入手，加强内部管理。

而另一些落后企业的老板则抱着侥幸心理，为了应对贸易商验货，采用一贯的方式——只生产一部分合格产品，专门应付验货人员。很快，这些企业的客户被其他厂家抢去，已经出货的订单，也由于品质太差，遭到客户索赔和拒付余款，最后走上“关门大吉”的绝路。

2. 坐等机遇不如创造机会

当企业经营遇到挫折时，高层负责人通常会有两种应对方式：一种是坐等机遇到来；另一种则是积极创造机会，变被动为主动。

积极创造机会不见得就一定成功。但坐等机遇，常常是机遇还没等来，企业就关门大吉了。

专家建议

当企业经营困难时，领导者既要稳健经营，更要未雨绸缪，主动采取应对措施。当问题出现时，沉着应对、随机应变，远比被动等死要强得多。

寻找制约生产的瓶颈

制约生产的瓶颈可能仅在于几个方面，也可能会是诸多方面；可能是宏观因素使然，也可能是微观细节在作祟；可能是决策因素，也可能是执行不力所致。只有找到病根，对症下药，才能有效解决生产瓶颈问题。

1. 从宏观因素找瓶颈

宏观因素一般指领导决策、人事配备、管理制度等方面的问题。从宏观因素中找问题，可采用特性要因图的方式，逐项查找（如图 3–1 所示）。此图仅供查找企业生产瓶颈问题时参考借鉴，实际需要时，可根据具体情况做灵活调整。

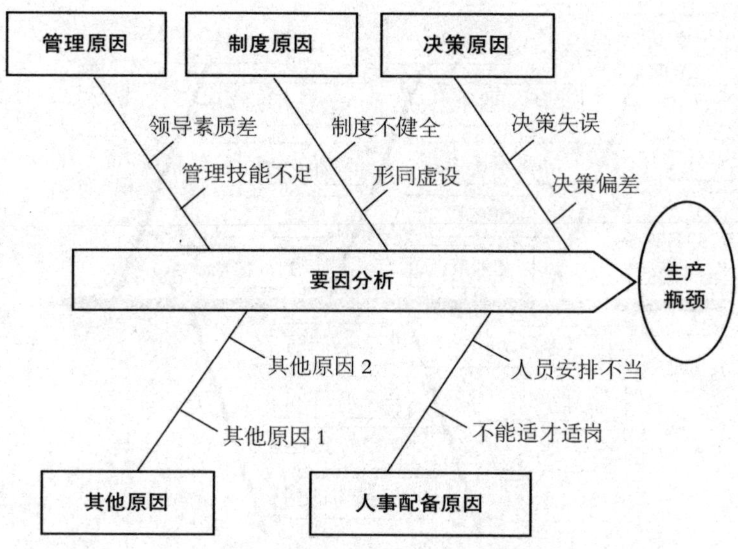

图 3–1 从宏观因素找瓶颈常用的特性要因图（鱼骨图）

按照特性要因图寻找瓶颈的具体操作方法是：先以企业遇到的生产瓶颈为问题点，画出椭圆，并在椭圆内写上“生产瓶颈”字样，再从椭圆中间一侧画出箭头作为“要因分析”的轴线。沿轴线画出几条长斜线，作为“主要问题分析”的主线；再在每条主线末端画出方框，在方框内标明主要问题的名称。根据实际情况查找与之相关的次要问题，在“主要问题分析”主线上画短线，将查找到的次要问题写在短线末端。

2. 从微观细节找瓶颈

从具体细节寻找生产瓶颈，强调的是务实的工作精神，从细微之处发现影响生产高效的问题点（如图 3–2 所示）。

图中，椭圆代表“生产瓶颈”；黑色箭头图形代表制约生产的主要因素轴线；5 条粗黑斜线分别指向的“人员”“设备”“贮运”“材料”“环境”5 个大项，分别代表生产过程中存在的细节要因；方框内的若干小项，分别代表各个大项在生产运营过程中存在的导致问题发生的局部环节问题，或制约生产效率提升的根源。

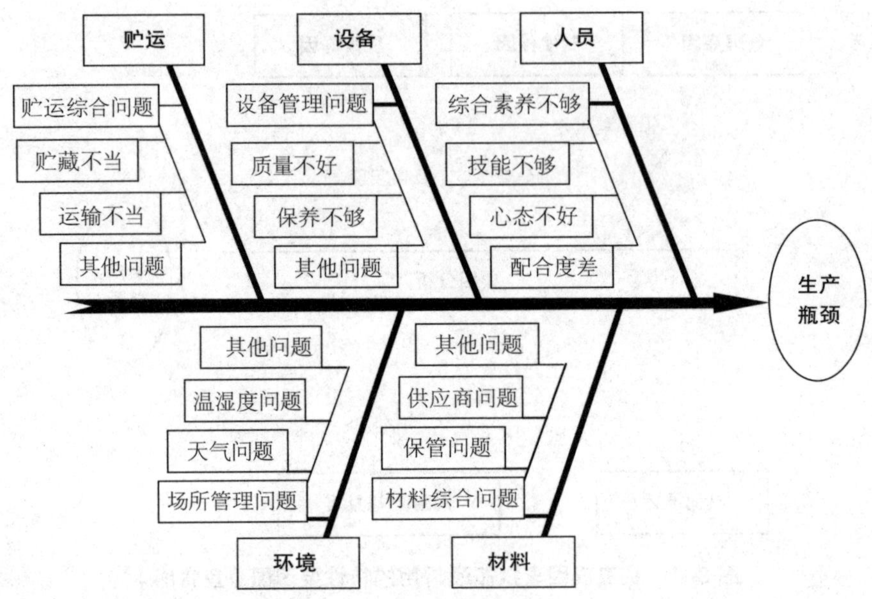

图 3-2 从微观细节找瓶颈常用的特性要因图（鱼骨图）

3. 从现场问题找瓶颈

很多制约生产效率提升的瓶颈都是产生在生产现场。每个瓶颈都是由问题、原因造成的，它们又分为表面的、浅层的、中层的、深层的、根本的。在查找造成瓶颈的问题时，要由表及里，剥茧抽丝，查找到造成瓶颈的根本原因，然后彻底铲除。

关于如何查找根本原因，可采用冰山模型图的形式（如图 3-3 所示）。

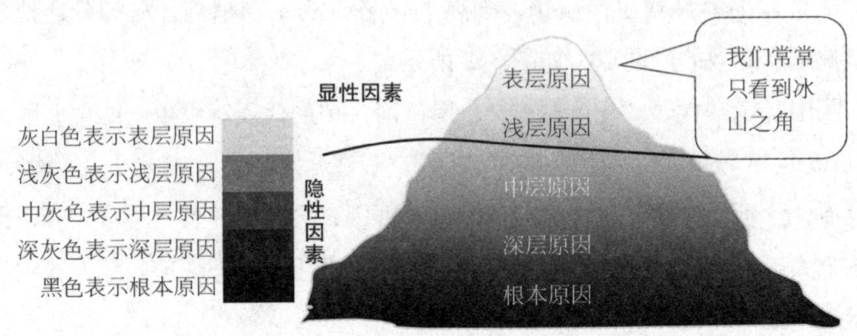

图 3-3 从现场问题找瓶颈使用的冰山模型图

图中，“表层原因”和“浅层原因”在上面，称之为“显性因素”。这是在生产现场最容易看到的，因此也是企业管理者关注的重点。图中横线下面的“原因”隐藏在黑影中不易看到，所以常被忽视，称之为“隐性因素”。在生产管理中，显性因素只是高效工作的条件，真正决定生产工作是否高效的恰恰是横线下面的隐性因素。

对生产线干部来说，能否在管理工作中取得成功，“隐性因素”中包含的中层、深层和根本原因是基础，起决定性作用。

专家建议

对生产线干部来说，查找一两次影响生产瓶颈的原因并不难，难的是把这样的查找当作管理者应该承担的责任和应具备的素养。

创新思维，拓宽突破利润瓶颈的路径

生产线干部分为两种类型：有生产管理经验的和缺乏管理经验的。在思考问题时，两种管理者常常表现出两种倾向：有管理经验的干部在思考生产问题时，常常会存在“程式化”倾向，习惯于“经验式”的惯性思维，缺少“新意”；缺乏管理经验的干部在思考问题时，常常离问题本质太远，缺少可行性。

我们来看看古人是怎样打破惯性思维，拓宽创新路径的。

惠施从魏王那里得到一颗大葫芦籽。为了彰显对魏王的尊敬，惠施选最肥沃的土壤将葫芦籽种下，精心管护，结果结了一个特大的葫芦。由于葫芦硕大，坚韧度不好，不能按照常规做瓢。这让惠施犯了难，只得找庄子讨主意。

庄子问其故，惠施说：“因为葫芦太大了，所以派不上用场。把它劈两半当瓢装水用吧，这葫芦皮薄，其坚不能自举，更别说装水了。”庄子听后，就给惠施讲了一个故事。

战国时代，宋国有户人家有一个治疗皮肤皴裂的稀世奇方。只要在手脚上涂上用这奇方配的药，再寒冷的冬天沾水，手脚也不会皴。因为有这稀世秘方，他家人世代以漂洗为生，手脚却保养得很好。一天，有个过路人偶尔听说这稀世奇方，就商量以百金购买。那家人觉得此方在他们家使用已久，也没赚到多少钱，现在有人愿出百金购买，就动了心，卖给了那个过路人。

当时，吴国正和越国开战。吴王将战期定在寒冬腊月，并向越国发起水战。那过路人拿了秘方直奔吴国，找吴王献礼。吴国因为有此秘方，将士们在水战中手脚可以不皴不冻，所以战斗力很强，一举击败越国。而这个人也因为向吴王献秘方有功，被吴王封地封侯，享受荣华富贵。

讲完这个故事，庄子告诉惠施："你那个大葫芦，怎么就认定非要开瓢装水呢？如果保留住一个完整的葫芦，把它绑在身上去游大江大湖，它发挥的作用不是更大吗？"

专家建议

生产线干部要学会打破思维的墙，摆脱"经验式"管理的束缚。在思考解决生产瓶颈的问题时，要多换角度，多找方法。

掌握寻找流水线瓶颈的方法

许多工厂为了提高生产效率，常常采用流水线的生产方式。流水线生产实际是一柄双刃剑。顺畅的流水线，能让生产保持在平稳、高速运行的状态。而当流水线出现问题时，不管在哪一道工序、哪一个部位，都会制约整条流水线的生产效率。

我在广州讲"怎样提高工作效率"课程时，有学员问："刘老师，我们工厂是生产工艺品的，我是生产组长。我负责的流水线需要五六个人。上级要求提高效率，我也想了一些办法，但没有明显效果。我们的效率瓶颈在哪里？怎样寻找流水线生产瓶颈？"

这位学员所提的问题非常具有普遍性，这里有两种简单易行的解决方式：

1. 从作业员的操作时间找瓶颈

这种方式操作简单。例如：一条流水线有 10 个操作员，根据操作人数画出分析表（见表 3–1）。

表 3–1 流水线岗位操作时间记录分析表

编号	额定时间	使用时间	合理性分析	对应措施	备注
1					
2					
3					
4					
5					
6					
7					
8					
9					
10					
说明：					

具体的操作步骤如下：

第一步，按照《标准作业指导书》，评估制作 1 个产品需用的时间（没有制作《标准作业指导书》的工厂，可找一名技术熟练的操作员，将整个产品操作下来，实际记录整个产品需用的时间）。将制作 1 个产品的时间除以 10，算出每一个操作员需用的时间（即额定时间）。将额定时间写在表格中对应的“额定时间”栏目内。例如，某产品制作时间需 60 分钟，60 ÷ 10=6 分钟。每个操作员的额定时间就是 6 分钟。

第二步，使用码表（秒表）测算每个工序实际使用的操作时间，并将测出来的实际使用时间写在表格对应的“使用时间”栏内。在测算操作时间时，尽可能不让操作者知晓，保证测算的客观性。

第三步，将表格中“使用时间”栏内的数据与“额定时间”对照，若数据相等或接近，说明分工合理，若相差较大，则应做相应的调整。

假设流水线岗位操作时间如表 3–2 所示，具体应做如下调整：

表 3–2 流水线岗位操作时间

编号	额定时间	使用时间	合理性分析	对应措施	备注
1	6	6.2	0.2		
2	6	5.8	–0.2		
3	6	6.7	1.7		
4	6	4.3	–1.7		
5	6	4.5	–1.5		
6	6	7.5	1.5		
7	6	6.1	0.1		
8	6	6.4	0.4		
9	6	5.9	–0.1		
10	6	5.6	–0.4		
说明：					

第 1 道、第 2 道、第 7 道、第 9 道工序的实际操作时间与“额定时间”非常接近，基本不用调整。

第 3 道工序实际操作时间超过“额定时间”1.7 分钟，明显太长，需要减少操作时间。

第 4 道工序实际操作时间比“额定时间”少 1.7 分钟，明显操作时间偏短，需要增加操作时间。

第 5 道工序实际操作时间比“额定时间”少 1.5 分钟，也是明显偏短，需要增加操作时间。

第 6 道工序实际操作时间超过“额定时间”1.5 分钟，明显偏长，也要减少操作时间。

第 8 道、第 10 道工序与“额定时间”相差 0.4，需做适度调整。

造成表中数据相差，通常有两种原因：一种是流水线分工存在不合理现象；另一种是作业员技能熟练程度不同或心态有问题。流水线负责人要注意观察评估，分辨属于哪种原因。

第一种原因的处理方式：重新细化分工。第1道、第2道、第7道、第9道工序可以继续，第3道工序的工作量可以往第4道工序适当偏移，使之均衡。第6道工序的工作量可以由第5道工序适当分担，尽量使其平均。第8道工序可以和第10道进行互补。

第二种原因的处理方式：客观评估每一道工序操作员的技能和心态，根据具体情况进行合理调整，让每道工序的实际操作时间都接近“额定时间”。

2. 从动作分解的合理性找瓶颈

这种方式和“从作业员的操作时间找瓶颈”有些相似，具体的操作步骤如下：

第一步，先找出该产品有多少个工艺点，再按照《标准作业指导书》，评估每个工艺点需用的时间。

第二步，绘制表格。将评估出的工艺点操作时间填写在对应的表格栏里。例如：有1条流水线，安排6名操作员，产品的工艺点有9个，计算方法如表3–3所示。

表3–3 流水线工艺点操作时间记录分析表

工艺点编号	1	2	3	4	5	6	7	8	9	合计
操作时间	3.6	6.5	10	5.5	4.4	10	10	6.5	3.5	60
计算方式	60分钟 ÷ 6人=10分钟（即每个操作员的额定分工为10分钟）									
说明：										

以上表为例，流水线负责人给操作员安排工作时，就以每个操作员的工作量10分钟为标准。第1和第2工艺点的操作时间合计为10.1分钟，与“额定时间”10分钟很接近，就安排给一个操作员。第3、第6、第7工艺点的操作时间都是10分钟，分别安排给3个操作员。第4、第5工艺

点的操作时间合计为9.9分钟，与“额定时间”很接近，应安排给一个操作员。第8和第9工艺点的操作时间合计为10分钟，也应安排给一个操作员。

寻找流水线的生产瓶颈，就要找到科学、实用的方法，认真、客观测算员工的操作时间，合理分配工作量。

专家建议

生产干部在安排流水线操作员的工作量时，一定要充分评估，科学计算，才能避免生产瓶颈，提高人员利用率和生产效率。

考虑以最小的代价突破利润瓶颈

我们常见的突破生产瓶颈方式有两种：一种是不计成本，不管花多大代价，也要将产量提高；另一种则是在不增加成本或只用少量成本的前提下，达到“突破生产瓶颈”的目的。

很显然，第一种方式是不受企业欢迎的，第二种方式才是企业管理者重点关注的。

1. 找到造成生产瓶颈的问题点

造成生产瓶颈的问题，通常有主要原因、次要原因和其他原因构成。

结合前文中的图3–1、图3–2、图3–3，尽可能找到制约生产瓶颈的根本原因，然后定点清除。

2. 制定解决生产瓶颈问题的方案

找到制约生产瓶颈的问题根源后，接下来就是有针对性地定点清除问题了。

在清除问题之前，要先将那些和问题相关联的细节定位，然后针对每个细节进行认真分析、研究，再制定解决这些细节问题的具体方案（见图3–4）。细节问题解决了，整体问题就化解了。

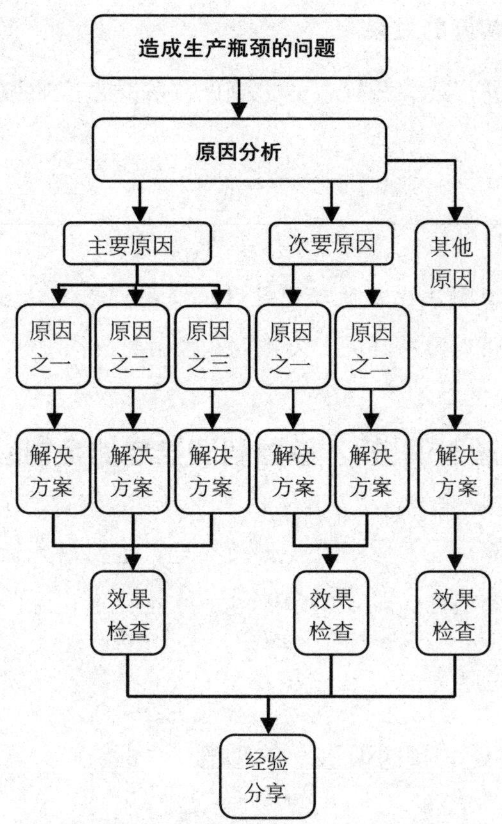

图 3–4　解决生产瓶颈问题步骤图

“解决生产瓶颈问题步骤图”操作说明：

确定造成生产瓶颈的问题，并明确问题的结果；

对问题进行原因分析，分别找出造成此问题的主要原因、次要原因、其他原因；

分别对“主要原因、次要原因、其他原因”进行详细分析，找出“原因”里面存在的关键因素、重要细节；

根据各个“原因”制定解决方案，并导入实施，督导实施的细节；

对解决效果进行查核，如效果不理想，可根据需要重新制定方案，再次解决。

3. 检查方案实施的效果

对实施效果进行跟踪和检查，是确保“解决生产瓶颈问题方案”能够落实到位的保障。

专家建议

生产干部在解决生产瓶颈问题时，要用“老板心态”做事情，既保证让问题得到圆满解决，又将成本控制到最低。

“超时俱进”，掌握利润倍增的金钥匙

作为管理干部，在工作中既要脚踏实地，也要目光长远。企业实施生产变革也是同样的道理。既要脚踏实地，立足目前；也要放眼未来，树立“超时俱进”的理念。

突破利润瓶颈需要“超时俱进”的理念

管理干部在对待利润瓶颈时，如果能用“超时俱进”的理念，思维方向和管理效果就会大不一样。

被誉为“天下第一村”的华西村，企业众多。2013 年 3 月 18 日，令人敬仰的华西村党委书记吴仁宝逝世，享年 85 岁。我在缅怀这位在带领群众致富的道路上创造了无数奇迹的老书记的同时，也在大脑中一幕又一幕地回放他的光辉事迹。

二十多年前，我还在政府工作的时候，就对江阴市华西村的许多显赫事迹耳熟能详。到底是什么因素促使华西村创造了那样多的经济神话？带着这个疑问，我专程到华西村参观，寻找华西从一个普通的农村大队走向“天下第一村”的辉煌足迹。没想到却在华西村马路边的标语上找到了答案——“超时俱进，开拓创新”。

“与时俱进”和“超时俱进”，看似一字之差，被动与主动的不同心态就体现得淋漓尽致了。

专家建议

生产线干部要让自己管辖的范围在利润瓶颈方面有效突破，就要树立“超时俱进”的思想意识，否则只会跟着别人被动做事，最后必然落后、挨打。

争当“增利创收”的“骏马”

在增利创收方面，企业需要的是高效率的“骏马”。很可惜，落后企业的管理干部，大多是出力流汗的“老黄牛”。

过去我在新闻单位和政府部门工作时，曾在撰写的许多材料、报告和新闻作品中，大力讴歌“老黄牛精神”。如今时过境迁，“老黄牛精神”已经成为“过去式”。企业增利创收，不再欢迎那些只会“出力流汗的老黄牛”，需要的是“插上翅膀的老黄牛”和“日行千里、夜走八百的骏马”。

1. 榜样激励“老黄牛”

现代企业管理，不仅要求员工要踏实肯干，还要懂得寻找高效做事的捷径，提升业绩。“老黄牛”是“踏实肯干”有余，效率方面就不尽人意。

我们来看看吴仁宝是怎样让华西村从“能干的老黄牛”变成“腾飞的千里马”的。

为了加快华西经济发展步伐，让“老黄牛”腾飞起来，1985 年 8 月，吴仁宝和他的团队制定了“苦战 3 年，实现亿元村”的经济发展目标。为了让“目标”变成现实，1985 年 8 月 19 日，吴仁宝书记带领华西村 100 多名党员、干部和农民代表，坐车跑到 200 公里外的南京雨花台，举行向烈士宣誓仪式。在烈士雕像前，吴仁宝站在这群“特殊队伍”最前面，带领大家向烈士庄严宣誓：“苍天大地作证，我华西村 100 多名党员干部和村民代表，今天面对先烈庄严宣誓：我们和华西村的老百姓有福同享，有难同当。我们决心苦战 3 年，实现亿元村目标。谁要三心二意，天地不容，百姓不容……”

2. 把口号落实在行动上

通过在烈士陵园宣誓，吴仁宝先将华西村党员干部和群众代表的团队士气和激情充分调动起来了，然后带领他们开始有计划、有步骤地大干苦干。

3 年苦战结出骄人的战果。1988 年，华西村实现了“亿元村”伟大目标。这一年，农民年平均纯收入达到 1699 元，是 1978 年 220 元的将近 8 倍。

专家建议

管理干部的效率观念，是提高生产效率的核心。生产是否高效、合理，取决于管理者有没有为提高效率想方法，是不是用“效率观念”思考生产中存在的问题。

为利润倍增设定合理目标

有些现场管理干部，存在“满足现状”“小富即安”的心态。对于突破生产瓶颈，可能开始时他们会积极响应和配合，但是一旦突破后，他们就容易安于现状，不再继续提高目标了。针对这种问题，如何解决呢？

1. 挖掘潜在效率促进目标达成

再高效的工作，也有潜力可挖。管理干部只有不断开动脑筋，思考提高工作效率和达成目标的最佳方法，才能将潜在效率一步步挖掘出来，真正实现高效生产的终极目标。

2. 目标需要不断“调高”

我们来看看华西村是怎样将目标一步步调到理想高度的。1988 年，华西村实现“亿元村”的宏伟目标之后，并没有停留在这个“功劳簿”上。在稳定“亿元村”经济收入的基础上，吴仁宝又根据实际情况不断设定了新的目标。

以下是一组说明华西经济发展目标提升的数据：

1995 年，华西成为 20 亿元村，农民年平均纯收入 2.4618 万元；

2001 年，华西成为 40 亿元村，农民年平均纯收入 4.95 万元；

2004年，华西成为200亿元村，农民年平均纯收入12.26万元；

2010年，华西村总收入超500亿元，每户村民的存款达到600万~2000万元……

看过华西经济发展目标提升的数据，作为管理者，你是否应该检讨一下自己的工作呢？

突破利润瓶颈需要冠军心态

优秀的生产管理干部，应该有力争第一的思想。这就是“冠军心态”。

1. 要有追求第一的思想意识

“亿元村”的宏伟目标实现后，争取第一的“冠军心态”让吴仁宝开始了创建“天下第一村”的艰难征程。10年后，一项项“中国之最”“世界之最”在华西诞生。

2009年，华西村入选中国世界纪录协会“中国第一村”。

2010年夏，华西村花费9000万元从美国购买直升机，发展空中旅游。

2011年10月8日，华西村筹建的高328米的“黄金酒店”——龙希国际大酒店剪彩开业。在谈到龙希国际大酒店因何高达328米时，吴仁宝幽默地说：“因为北京最高的楼328米，华西村要和中央保持‘高度一致’。”

2011年10月11日，华西村再现“万里长城”和“天安门城楼”，甚至还有“美国的国会大厦”。这些克隆景点让当地人在家门口感受到华夏河山的美丽，也成为华西村发展旅游业的亮点招牌。

2011年10月15日晚，“天下第一村”华西村举办庆祝建村50周年大型文艺晚会。央视著名主持人朱军、朱迅和水均益担任主持人。阎维文、毛阿敏、蔡国庆、鲍国安、韩红、黄宏、冯巩等国内演艺界知名艺人加盟演出精彩节目。

2. 保持超越精神

华西村的超越精神表现在既要超越别人，也要超越自己的过去；既要争当“中国第一”，还要争当“世界第一”。

美国《沿江的机遇》摄制组千里迢迢来到华西录制节目。导演比尔·艾伦斯表情夸张地对吴仁宝说："你们的发展速度超乎想象。美国发展用了200年，你们华西村用了不到50年。你们快，我们慢了……"

之所以分享华西村发展的案例，是因为华西村的飞速发展离不开华西村里企业。每一组漂亮的经济数据，都是华西村的企业加强管理、突破瓶颈、提高效率、增加利润结出的累累硕果。

超越精神，是管理干部应该具备的斗志和士气。

04

打造利润倍增的高素质团队

曾有从事企业现状调研的咨询机构，分别对发展势头较好的企业和经营不景气甚至濒临倒闭的企业进行深入调查。调查得出的结论，竟然聚焦在企业团队的素质上。

不景气的企业，尽管各有各的问题，但是有一个共性的问题——团队素质差。

对于企业干部和员工来说，最重要的不是学历和技术，而是由积极工作、努力学习与追求进步的心态构成的职业素养。心态调整既需要有效的培训和正确引导，也需要一定的时间。

利润倍增需要高士气、高业绩团队

不论是企业经营者，还是生产线干部，都要明白一个道理：团队素质高低，是业绩增长的基础条件。

优秀的管理干部，不是要学会很多技术，让自己成为“能工巧匠”，而是要学会带团队的领导艺术，多花精力在员工心态调整和团队素质提升方面，将负责的团队打造成士气高涨、激情奔放、职业素养良好的高业绩团队。

没有高素质团队，就没有高利润产生

在广东省一家集团公司总部，有一位负责管理工作的副总经理，是个职业道德较好的经理人。他大专毕业，已工作多年，专业技术过硬，又参加过清华大学的管理课程培训。他从来没有放松过对自己的要求，每天晚上常常跟随生产线加班到 23 点后才下班。尽管如此，他管辖的集团总部的业绩却不尽如人意。究其原因，是他的领导方法出了问题，没有把团队带好。

集团公司董事长是个强势的领导者，兼任总部总经理。他向我细说了那位副总经理在带团队方面存在的几个关键问题。

1. 自己敬业，不擅长提升团队素质

董事长对于副总经理的敬业精神欣赏有加。由于缺少领导方法，他不能把敬业精神传染给团队。自己晚上常常加班到 23 点以后，下面的部门经理却在各行其是。

2. 事事亲力亲为，不能调动下属积极性

这位副总经理以前在别的公司是负责技术的部门经理，缺少领导大团队的方法和经验。为了彰显自己的技术水平，他常常到生产线去，和一线员工很熟。生产线一有问题，员工常常在第一时间找他解决，以至于后来生产方面不管出了大小问题，他都要第一个跑过去处理。结果，他把大量时间和精力花费在解决生产线的小问题上，副总的“职务工作”却丢下不少。

3. 炫耀自己，让下属难堪

他在生产线解决的问题，很少告知生产部经理和课长，以致造成信息断层。相反，他常常在董事长面前说自己在生产线解决问题的事情，让人感觉是炫耀。他还常把那些事情拿到会议上说，结果弄得下面的经理和课长既被动又反感，影响到核心团队之间的和谐。

4. 缺少构建高效团队的方法

对于身处决策层的副总经理来说，重要职责是构建核心管理层团队，先提升大家的综合素养，再逐步达到高质、高效的目的。该副总在这方面表现得不理想，以致影响到团队业绩。

专家建议

团队负责人切莫陷入亲力亲为的怪圈，要记住自己的主要职务工作，努力提高团队整体素养，以期达成更好的业绩。

团队素质不仅要优秀更要卓越

追求精益求精，是良好的工作态度。生产干部在构建团队时，既要让团队素质优秀起来，还要有追求卓越的进取心，让优秀团队更上层楼。

1. 总结过去，打好“优秀”基础

总结过去，是为了去粗存精，将“优良的传统”延续下去，继续保持“优秀”的团队情操。

2. 变革创新，向“卓越”目标迈进

变革，是改变过去不好的风气，寻找更好的思路和模式，让管理逐渐完善，让团队一步一步走向卓越的目标。

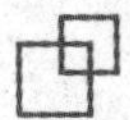

专家建议

管理干部要学会两手抓：一手抓理性管理，让团队充分体现出制度化、科学化和规范化，为高效工作打好良好基础；另一手抓好士气提升和激情激发，让团队斗志昂扬，在变革和创新中茁壮成长。

理性管理：科学与规范的管理标准

衡量一个团队是不是优秀，可从四大方面着眼：一是理性管理效果；二是体现业绩的数据；三是士气衍生的精神风貌；四是象征发展势头的学习热情。没有科学化、规范化、制度化的标准导入，就无法打造卓越的生产现场。

1. 科学化的管理手段

企业管理从传统的“经验式”到“科学化”，走过了相当长的阶段。许多企业正是因为导入了科学化的管理手段，才逐步走上正轨，利润和效益才一步步提升。

2. 规范化的工艺标准

工艺流程运行的状态及优化程度，体现的是企业管理的水平与效果。没有规范化，生产工艺标准就无法建立，效率和质量控制就没办法实施。

3. 制度化的行为准则

没有制度约束的企业是一盘散沙。在一盘散沙的工作现场，科学化的管理手段和规范化的工艺标准是没办法实施的，车间也会永远处于无序化的混乱状态。

专家建议

理性管理既是实现高质、高效的基础，也是客观体现卓越管理的重要标准之一。

士气高涨：用激情创造利润

士气在管理中所起的重要作用，已经被越来越多的企业管理者和业绩追求者高度认可并大加弘扬。我在《给你一个团队，如何提升士气》一书中，重点介绍了激发员工士气的方法和渲染团队士气的措施。

1. 员工士气在团队中的重要作用

在团队中，缺乏士气的员工表现比较消沉。他们工作没有热情，得过且过、敷衍塞责、抱住“当一天和尚撞一天钟”的心态混日子，最终成为团队的累赘或毒瘤。

2. 团队士气在企业中的重要作用

在企业中，缺少士气的团队是斗志低迷的群体，不会有好的业绩产生。这样的团队让领导头痛，让企业背负沉重的负担。

专家建议

经营者要想让企业充满生机，就要让公司核心团队和各部门的分支团队充满激情、活力和斗志，就要把员工的士气调动起来，强化企业的战斗力和执行力，提升企业竞争力。

技能娴熟：各项技术水平行业领先

专业技术能否在同行业领先，是衡量优秀团队的标准之一。生产线干部要采用上岗培训、技能提升培训、优秀员工“传帮带”、末位淘汰制、技术改造等多种形式，逐步提高团队整体技术水平，用精湛的技术生产精良的产品。

执行力强：完成利润目标不打折扣

生产线的工作，并不是个个都很复杂。有些简单工作，要想做好，需要的常常不是精湛的技术，而是认真负责的精神。管理学把这种情况叫作“执行力”。

1. 责任感是执行力的基础

我给一家生产工艺品的企业做培训时，他们的生产经理分享了这样一个案例：

几个月前，公司包装部有一名员工在产品装箱时，发现有的产品存在一定色差，对此他没有采取任何措施，也没有向经理报备。

由于这一批订单的要求是普通标准，所以对存在稍许色差的产品，既不报废也不返工（轻微的色差，返工后可能问题会更多）。按照常规做法，色差产品在包装前要由质检人员进行严格区分，将颜色一致的产品集中存放，单独装箱。

包装部员工明知有色差的产品是不能装在一个外箱的，但是由于缺少责任心和执行观念，公司制定的“产品包装标准”在他这里没有起作用。他觉得色差产品没有区分到位不是自己的问题，自己的工作只是将产品装进包装盒，有没有色差对自己来说无所谓。

2. 缺少责任感是产生问题的根源

执行力欠缺的根本原因，在于缺少对工作认真负责的态度，以致造成许多不该发生的问题成为制约生产的严重障碍。

我们继续看案例的事态发展。在客人验货时，色差产品混装造成的问题曝出来了。验货不能通过。公司只得按照客人要求，安排对所有包装好的产品全部拆箱返工。

返工损失很惨重，不但造成产品损失，还导致一些包装盒、PE袋、外箱报废，还浪费大量人力和能源，延迟了交货期。这样大规模的返工现象，让公司的信誉在客户中大打折扣。

3. 缺少执行力，害人又害己

出现这样的严重问题，总要有人承担责任。公司处理结果，负责区分色差的质检员被重罚，负责装箱的员工也被处罚。这就是缺少执行观念和责任意识造成的多重伤害和损失。

优秀的团队，一定是执行力强、对完成工作目标不打折扣的组织。

精诚合作：放大团体优势

相互补台，好戏连台；相互拆台，一起垮台。任正非就深刻认识到团队合作的重要性，经常在华为强调团队合作理念。正因为有任正非这样的卓越团队领袖，才有了华为的卓越团队。

华为团队成员的精诚团结与密切合作，将团体优势无限放大，让华为集团创造出如此骄人的业绩。

专家建议

管理干部要多向部属宣导“兄弟一心，其利断金”和“众人拾柴火焰高”的合作理念，充分发挥团队优势和集体的力量。

成果共享：成果、经验、技术能团队分享

将个人取得的成绩认真总结、归纳，并和团队所有人员分享。这是优秀团队的典型做法，也是提升团队综合素养的最佳方法之一。

1. 独享成果，会局限成长

但凡喜欢独享成果的团队成员，基本都是“怕吃亏”思想在作怪。正是这样的“独享”让他们感觉到“自己没有吃亏”，结果却局限了他们自身的成长，也阻碍了团队整体素养提升。

其实，在团队中分享自己的工作经验和技术、方法，不但对提高团队业绩和整体素养有利，也能让自己快速成长。

2. 分享自己的果实，能得到更多果实

有个故事说：两个兄弟分别得到大人奖励的一筐苹果。哥哥将分到的苹果藏好，想吃时就拿一个。弟弟将分到的苹果送给身边的小朋友吃。那些吃了弟弟苹果的小朋友，也把自己得到的零食和弟弟分享。结果，弟弟不但吃了苹果，还吃到了香蕉、橘子、核桃和其他美味食物。

追求进步：积极向上的学习精神

积极向上的学习精神，是优秀团队的重要素养之一，也是管理干部在实施“利润倍增”方案时要大力宣传和倡导的重要因素。没有学习，就没有个人进步；没有学习，就不能构建优秀团队；没有学习，就不能取得更大的成绩。

从2012年12月10日到2013年1月14日，我给广东省江门市第一职业技术学校的领导和班主任讲了4周管理课程。该校分中专部和高中部，中专部的学生，就是针对企业生产线技术和管理层定向培养的专业人才。

为什么要这样定向培养？江门市教育系统的领导很有深意。原来，他们通过深入企业广泛调研，得到一个重要信息：制造业生产线缺乏人才。现在的年轻人怕吃苦，那些大专、本科毕业的学生，知道生产线很辛苦，宁可当一个薪资不高的文员，也不愿去生产线做事。在企业生产线做工的，大多是初中毕业的学生，而许多技术岗位需要一定的文化含量，初中文化的员工在看图纸或技术资料时很吃力。

生产线在人力资源方面的现状是，初中毕业的员工，文化水平不够，大专生不愿意到生产线，所以造成人才匮乏。

江门市教育系统的领导看准了这个问题，审时度势为企业解决人才匮乏危机。

通过这个案例，我们应该充分认识到：生产线是人才匮乏的地方，企业经营者和生产干部必须重视学习、强调学习、带头学习，用学习提升团队的理论知识和综合素养，为提高团队业绩打好基础，为实施“利润倍增”方

案做好准备。

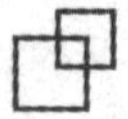

专家建议

企业经营者要高度重视团队学习与提升，制订切实可行的理论学习计划和技能培训计划，并有效组织落实。

高素质团队是这样打造的

我在讲授企业管理课程时，常和学员分享团队构建的“二七一法则”。即：20%是表现优秀的，70%是需要培养进步的，10%是需要淘汰的。

没有培养措施，就没有团队进步；没有淘汰机制，就永远有落后成员在团队里拖后腿。因此，企业要用好团队建设两大法宝：培养和淘汰。

培养、教育是团队素质提升的途径

我在外资企业培养团队素质时，经常采取以下三种方式，确保团队素质提升的速度和效果。

1. 用培训手段提升素养与技能

现在，许多企业开始认识到了培训工作的重要性，这是管理意识的觉醒。采用培训手段，是最有效的提升团队素养与操作技能的方式之一。

培训的方法多种多样，可根据企业情况和部门实际，灵活掌握实施。在培训时，要向员工倡导两个原则：一是空杯原则；二是不要长期重复使用同一种经验。

2. 用谈心手段转变观念与思想

在谈到心理学在管理工作中的应用时，有心理学专家表示：“谈心式的培训，对转变人的思想观念最有效。”

作为企业管理培训、咨询界的资深从业者，我非常认同这一观点。其实，谈心也是一种小范围培训方式，是针对个别人、个别事、个别问题采取的针对性很强的“小灶”式培训。

3. 用奖惩手段激励学习与进步

奖惩措施是鼓励先进、鞭挞落后的有效手段，也是重要的辅助措施。对在学习进取方面表现消极的团队成员，“鞭挞”和淘汰，不失为一种有效手段。

一团和气培养不出高业绩、高利润团队

一支优秀团队，其思想观念是“追求高质、高效”；价值观是“从优秀到卓越”；口号是“大家一起”。但优秀团队不能只有一个声音。也就是说，优秀团队要允许不同意见存在。

优秀团队的构成，可分为两大部分：优秀负责人和优秀成员。

1. 优秀团队对负责人的特质要求

优秀团队的负责人，既要有良好的职业道德和综合素养，还要体现出“民主集中制”的领导特质。民主时，能广泛征求、认真倾听团队成员的意见，充分利用众人的聪明才智；集中时，必须有决断的魄力，不能让团队决策政出多门。

我给管理干部讲授“中国式领导艺术”课程时，多次倡导管理与领导艺术的核心理念：众谋独断，详虑力行！

2. 优秀团队成员应有的职业特性

广东菇木真生物科技股份有限公司由于拥有优秀的团队，规模成长很快，是中国第一家靠食用菌上市的集团公司。

2012 年 4 月，我去菇木真公司总部给 4 家分公司管理干部讲授“中坚管理胜任力提升”课程。在课堂互动时，我问一个干部：“什么样的员工算是团队优秀成员？”该干部回答：“做事积极主动，听从上司安排，能与同事和睦相处，工作服从性高。”另一个干部补充说：“具备良好的技术条件和学习进步的心态。”

他们回答得很好，但不全面。我告诉他们：“优秀团队成员，还要有一个典型特点，讨论问题时能讲真话。”这就是古人倡导的“君子和而不同，小人同而不和”的团队理念。

“讲真话”是最基本的道德品质。由于许多原因，能在上司面前讲真话的人不多。优秀的团队领导，既要鼓励团队成员讲真话，也要善于倾听、认真辨别成员们讲的是不是真话。

要注意区分的是，团队成员不能把讲真话等同于固执己见。当上司没有采纳自己的意见或观点时，要调整心态，以上司的决定为准。

专家建议

管理干部要懂得“众谋独断，详虑力行”的道理。既要有“海纳百川”的胸襟，也要有“杀伐果断”的魄力。

用好团队建设“二七一法则”

建立淘汰机制，是纯洁队伍的有效措施。优秀的团队负责人，既善于发挥优秀成员的模范作用，调动大家的积极性，也会使用淘汰手段，将极端落后的成员清理出团队，保持队伍的纯洁性。

我在外资企业任职时，常将“二七一法则”运用在团队建设方面。即：发挥20%优秀员工的模范带头作用，提升70%普通员工的综合素养，淘汰10%落后人员。

1. 发挥20%优秀员工模范作用

优秀员工心态端正，工作积极性高，专业技术过硬，是团队中的精英。榜样的力量是无穷的！团队负责人要想办法激发优秀员工更高的工作热情，借助优秀员工的感染力，发挥他们的带动作用和旗帜效应。

2. 提升70%普通员工综合素养

大部分员工的综合素养处于提升阶段。这个庞大的群体在专业技术、沟通能力、工作配合度、心态等方面，存在一些不尽如人意的地方。但这是企业主力军，大量的工作任务要靠他们完成。管理干部应该多花精力提高他们的综合素养。

3. 淘汰10%落后人员

不淘汰员工的干部，不是优秀干部。我向管理干部倡导多给落后员工适当的机会，体现人性化。但不是每个落后员工都要给机会，也不是无限制地给机会。

事实证明，教育、改造一个落后的员工花费的精力，要比培养普通员工多得多。工厂不是慈善机构，对落后员工，给一次两次机会还不懂得把握，管理干部就要采取果断的淘汰措施。

记住优秀团队的口号："大家一起"

"大家一起"！这句口号体现的是团队意识，倡导的是集体主义精神。在企业管理中，没有卓越的个人，只有卓越的团队。

在我国历史上，流传着一个脍炙人口的楚汉相争的故事。在这个故事中，项羽的武功要比刘邦强许多倍，但他的个人意识太强，缺少团队意识。在重大问题面前，他听不进别人的意见，总是自以为是，结果被刘邦的军队逼得自刎乌江。

项羽的结局充分说明，一个没有团队精神的人，就算他的能力再强，也不能取得最终胜利。对生产线干部和员工来说，如果你只强调个人意识，不愿意与别人合作，就算你有再强大的本领，再高超的技术，也是有局限性的。只有融入团队，才能让自己的能力得到无限发挥。

专家建议

管理干部应该把"大家一起"这句凝聚人心的口号，广泛宣传，广义解读，让每个成员都在"大家一起"口号号召下，和同事紧紧团结在一起。

倡导“自我OJT”，为利润倍增打好基础

所谓“OJT”，即职场培训（On the Job Training）。通常是指单位组织的对职员进行的岗位操作技能、专业知识、应用技术的培训和练习。

那么，什么是“自我OJT”？即不管员工还是干部，大家都要克服“等领导、靠上级”对自己进行培训的被动心态，要对自己的技能提升和素养进步负责。善于“自我OJT”的员工和干部，一旦发现学习和提升技能的机会，都会随时随地学习。

孟凡杰先生是一家民营企业老板。由于出生于贫困落后的大别山区，孟凡杰没有读完初中，就出来打工，进入广东省东莞市一家近千人规模的外资企业。

初进工厂时，孟凡杰只是普通生产线员工。为能尽快成长自己，他抓住机会学习机械设备操作技术。为了给自己创造学习机会，他主动走近技术过硬的同事，向他们讨教。

强烈的上进心不仅让孟凡杰学到了技术，还博得同事的好评和领导的赞赏。很快，他被提拔为班长。当班长后，他的技术显得捉襟见肘。孟凡杰为了向一位资深技术员请教一个重要的技术问题，竟然在该技术员门外蹲了大半夜。

由于技术和管理技能提升快，工作踏实肯干，孟凡杰很得车间主任赏识。不久，他就从班长晋升为组长。当上组长后，孟凡杰“自我OJT”的劲头更加高涨了。他一边学习做好本职工作必须掌握的管理知识，一边加强技术进步，让自己从“新手”成长为胜任工作的合格干部。成为合格组长后，孟凡杰没有停止“自我OJT”的脚步，继续努力提升。很快，他在组长职级中又脱颖而出。接下来，车间主任的职位顺理成章降临到他头上。

虽然进入了中层管理干部序列，孟凡杰“自我OJT”的热劲有增无减，在车间主任职位上，很快又有了出色表现。几年后，当时的生产经理离职，老板“钦点”孟凡杰出任生产部经理，成为一人之下、千人之上的领导，工资高出普通员工好多倍。

孟凡杰没有因此满足，继续追求更大的进步。后来，他和别人合资开

办工厂，成为一名杰出的民营企业老板。

然而，缺少“自我OJT”意识的员工，不但自己难以成长，还会拖团队后腿，影响整体业绩提升。

专家建议

优秀的管理干部，既要成为“自我OJT”先进分子，也要启发、督导团队成员强化“自我OJT”，努力打造学习型组织。

05

流程顺，“多快好省”增利润

流程再造，是实现利润倍增的重要管理措施。

流程再造的意义：通过对企业的运作流程进行再思考、再认识，并从全新的角度查找现有流程存在的弊端和不足，结合科学管理思想和适用式管理理念，对流程进行优化或重新设计，使之更加顺畅、简洁、高效，让管理达到“多快好省”的效果。

流程再造的目的：本着稳定品质、降低成本、提高效率、优化服务的宗旨，使企业管理得到显著改善，业绩得到快速提升。

走出流程的误区

每个企业都有流程。为什么优秀企业的流程能带来高效率、好业绩，而落后企业的流程总是与低效率、滥品质、差业绩画等号？

优秀企业之所以优秀，是因为经营者对流程不断进行优化和改善，既满足了企业对成本控制、效率提升和品质管理的要求，也达到了市场经济条件下顾客对订单的交货速度、产品质量、工艺标准、设计新颖、服务优质的需求。

落后企业之所以在业绩方面表现不佳，也与流程管理跟不上或走入流程误区有很大关联。

流程顺畅不等于流程高效

为什么说顺畅的流程不能等同于高效流程呢？因为一般流程都是一环扣一环，看起来都是顺畅的。但流程存在“烦琐”和“简约”之分。有不少流程，从表面看也是一环扣一环在运作，给人的感觉是顺畅的，但实际上非常烦琐，浪费人力、时间和资源，而且最后的结果也并没有达到最理想。

即便是看起来顺畅的流程，也可以经过科学的简约与合并，使效率大幅度提升。前文列举了多个通过流程优化使得效率提高的例子，此处不再赘述。

专家建议

管理干部要学会跳出生产看流程。面对一个看似顺畅的生产流程，要反问：“这个流程是高效的吗？还能再优化吗？”

沿袭传统流程是利润增长的瓶颈

落后企业的管理干部，喜欢沿袭过去的“成熟”流程，不愿意花精力进行创新。他们总觉得曾经使用过的流程既省事又安全，不会出大的问题。也正是这种怕麻烦、怕背责任的心态，导致生产流程的固化与落后。

珠三角地区有一家生产鼠标垫的企业，就因为生产流程不科学，导致各工序生产效率低下。加工车间按照图 5–1 中的流程生产，40 个操作员，平均每人工作 10 小时，当天总产量约为 135000PCS。

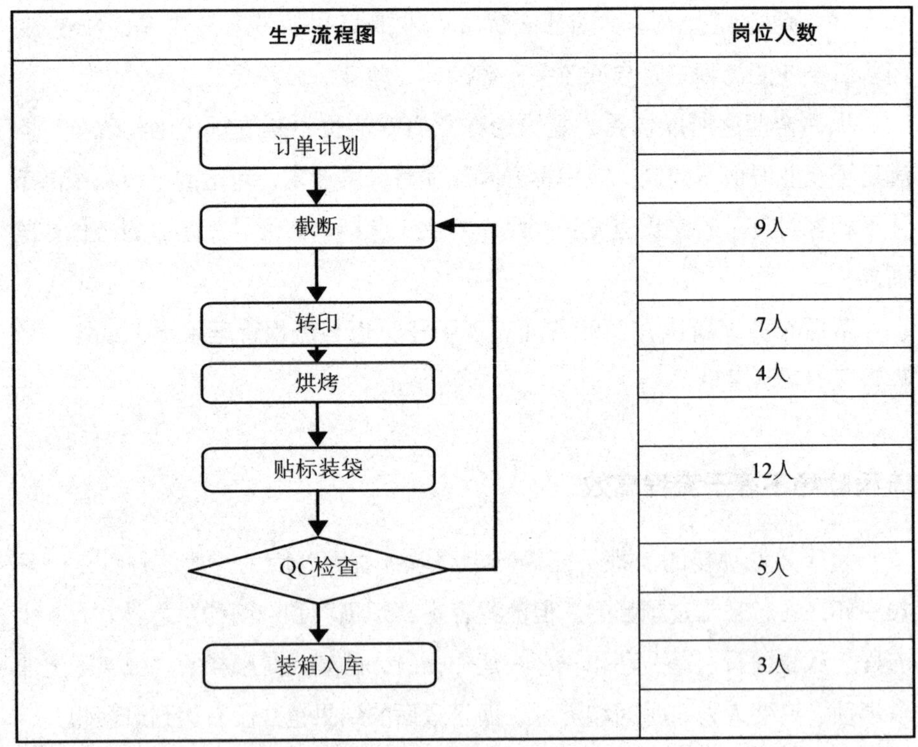

图 5–1　低效率生产流程图

为了提高生产效率，公司请咨询专家指导实施管理变革，对生产流程进行了优化。优化后的流程如图 5–2 所示。

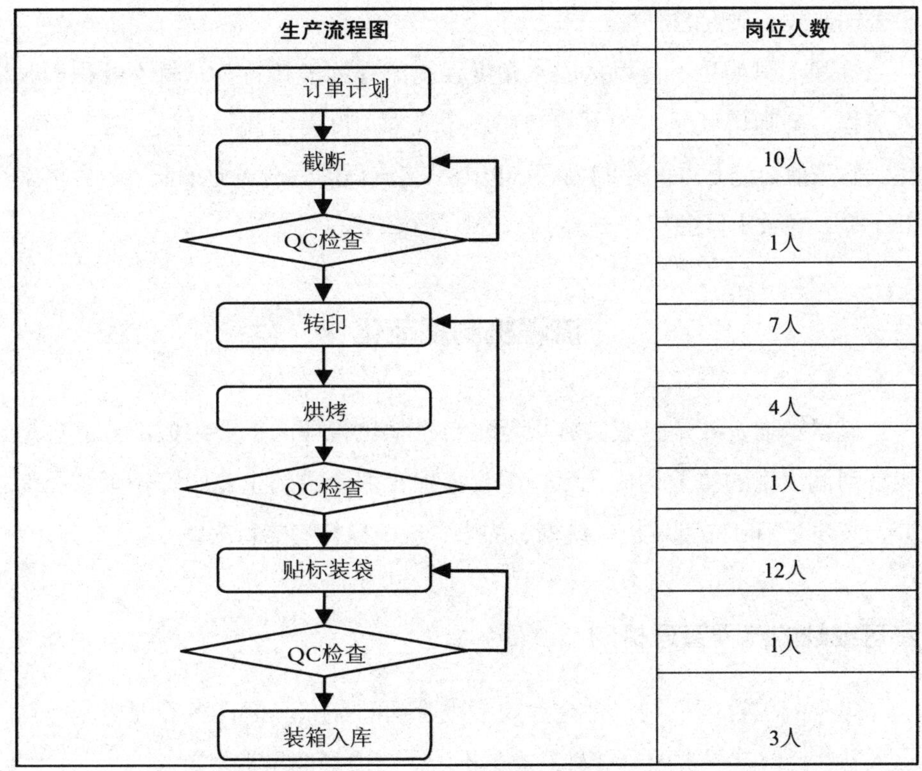

图 5–2 高效率生产流程图

生产流程改善后，加工车间操作员减少为 39 人，平均每人工作 10 小时，当天总产量约为 160000PCS。

由此可见，管理干部如果不能从“沿袭传统思维”中走出来，一直延续落后、低效的生产流程，生产线就只能在低效率层面循环，企业只能饱受低效率、高成本、薄利润之苦。

专家建议

没有创新意识的管理干部，就算不犯错误，也不是优秀的干部。

忽略流程引发的浪费制约利润增长

再看前文讲到的韦师傅指导员工操作的豆青釉系列陶瓷施釉流程。原本 16 个员工 1 天生产 400 套左右，返工率高达 20% 以上。这样的流程显然给公司造成了很大的浪费。

管理干部如果不懂得从成本角度权衡流程的浪费行为，就不能积极改善流程。韦师傅就是因为不能站在公司成本角度看待流程，最后被公司淘汰。后来他自己开办陶瓷制品厂，也因工艺流程落后造成业绩低下、合格率低下等，导致工厂关门。

流程机制规范化

流程管理，既是企业实施规范化与科学化管理的重要组成部分，也是实现利润倍增的重要构成元素。想让流程管理渗透到企业的每一个管控细节，必须有相应的管理机制统筹、约束、规范操作者的行为。

不可或缺的流程管理机制

建立流程管理机制，是企业规范化管理的补充。但许多管理措施一旦写入文件，就容易被照本宣科，成了不能灵活变通的呆板规定。

因此，企业制定流程管理机制，既要要求管理者遵守，又要定期检讨，一旦发现可以优化的部分，就要及时优化并修订。

专家建议

流程管理机制只有根据实际需要灵活变通，才能更好地为利润倍增服务。

好流程是利润倍增的过程

事实证明，科学的生产流程既能提高生产效率，又能缩短制造时间，降低生产成本。那么，企业应该怎样建立好流程呢？

1. 做好流程检验与优化工作，确保其可行性和稳定性

已经确定的工艺流程是否科学，除了要在生产过程中检验之外，还要邀请生产线作业员、技术员和研发部门相关人员定期检讨，让一线作业员发

表操作感受。一旦发现问题，就要分析研究，及时优化。

2. 流程的培训与推行，要认真对待

不管是新建的还是经过优化的生产流程，都要先拿到生产线进行可行性检验。确定可行的生产流程，要将其固化下来，并写入程序文件，进行规范管理。

每一个生产流程在推行前，都要做好相关人员的培训工作，让操作员熟知流程的顺序、步骤、各环节要求和关键点。待操作员熟悉并掌握要点后，就要做好推行工作，为生产效率提升和成本降低服务。

流程管理的适用性

流程管理与其他管理手段一样，也存在着是否“接地气”的问题。有些流程在外资企业好用，在国内企业可能就“水土不服”。也有的流程在大型企业比较适用，中小企业套用就未必能收到好的效果。企业经营者不要被一些貌似“高、大、上”的流程迷惑，一定要考虑流程的适用性和可行性。

同样的产品在不同的企业生产，其工艺流程也要根据企业的环境、设备、技术水平和人员状况等因素做相应调整，不能一成不变。

能够帮助企业提高生产效率、缩短制造时间、降低生产成本的工艺流程，才是企业最需要的流程。

流程实施的过程监督

有效的过程监督，是取得流程实施效果的可靠保障。生产线工艺流程在执行过程中的监管与督导，需要生产部门负责人协同技术部门、研发部门联合实施。既要监督生产流程执行的步骤、程序，也要监督每个工序的操作细节。必要时，还可详细了解每个操作员的技能及机器设备性能、原材料品质和供应情况等。也可借用码表、计量工具，精确测算各环节的制作时间、交付时间、合格率、工艺参数、产能等精准数据，客观评估工艺流程的执行效果。

在过程监督中发现的问题，要采取措施及时解决，保证流程能顺利实施，流水线的效率和品质得到可靠保障。

信息化在流程管理增利润中的应用

现在是信息化时代，几乎所有的经营与管理，都离不开信息的支持。但对于信息的整合与利用，发展势头好的企业与落后的企业，存在着鲜明的反差。

如何借助信息化完善流程管理，是企业经营者和管理者要慎重考虑并认真对待的问题。

流程管理中的信息传递

工艺流程设计顺畅后，我们就要考虑借助信息化优势，提高流程运行的效果。

能够支持工艺流程管理的信息采集和传递方式有很多。有的企业使用ERP系统或其他软件采集、传递流程运行数据，也有的使用微信群、QQ群、内线电话或其他方式传递流程运行信息。不管采用什么方式，以下四点必须做到：

1. 信息采集的准确性

流程运行信息是提供给相关操作人、现场管理者和企业决策者参考的，所以必须保证采集的数据信息是真实、准确的。

2. 信息传递的及时性

及时传递信息，通报流程运行进度和相关情况，让下道工序或后面部门知悉运行情况并提前做好相关准备，是参与该工艺流程运行的操作者和管理人员必须做到的。

3. 信息采集的客观性

流程运行的信息采集，不能存在“报喜不报忧”的行为。良品信息要采集，不良品信息也要采集；流程运行顺畅的正面信息要采集，出现问题的负面信息也要采集；正常运行的工时要采集，浪费的工时也要采集；正常消耗的原材料数据要采集，浪费的原材料也要采集……总之，保证采集信息的客观、真实，是参与者的职业道德体现。

4.信息采集与传递的系统性

生产线采集和传递的流程运行信息，要保证其关联性、全面性、系统性，不要只传递一些孤单的、支离破碎的信息，让同事和领导在整理和判断方面浪费时间和精力。

专家建议

做好流程运行的信息采集与传递工作，既需要管理者的分工与督导，更需要相关人员的密切配合。

PDCA在流程管理中的作用

所谓PDCA，即Plan（计划）、Do（执行）、Check（检查）和Action（行动）的首字母缩写。PDCA循环就是按照这样的顺序进行质量管理，并且循环不止地进行下去的科学程序。在流程管理中遇到问题时，就可以借用PDCA循环解决，保证工艺流程顺畅进行。

P（Plan计划）：认真对待问题，制定解决方案和实施计划。流程中存在问题并不可怕，只要我们端正心态，敢于面对，就没有解决不了的问题。对生产流程实施过程中发现的重要问题，要制定解决方案和实施计划，并报请直接上司或间接上司同意后方可实施。

D（Do执行）：加强流程实施的过程监管。

C（Check检查）：查找、检讨方案中存在的不足。越是重要问题，查找、检讨方案中存在的不足就越重要。查找到不足后，要采取有效的补救措施，让问题得到圆满解决。

A（Action行动）：改善、总结、分享。生产管理者要及时组织相关人员对流程改善的结果进行客观总结，并向采用类似流程的单位或班组分享解决过程和效果，以免类似问题在其他单位重复出现。重要问题的改善措施和结果，要形成详细的文字记录存档。

如何优化流程倍增利润

管理干部有没有创新意识，是决定流程能不能得到完善和优化的基础条件。意识决定思维的方向，更决定为创新流程寻找方法的动力和信心。

生产结构流程优化增利润

对生产过程结构进行分析研讨时，我们可从纵向和横向两个方面进行：

1. 纵向结构流程

纵向结构流程，是以工序先后为顺序构成的流程结构。如生产包装纸箱，其纵向生产结构流程，即按照简易纸箱的工艺顺序，从准备材料到完成包装，依次排序进行，具体应为：准备瓦楞纸或箱板纸、分纸、印刷、打角、打钉（粘胶）、包装（如图 5–3 所示）。

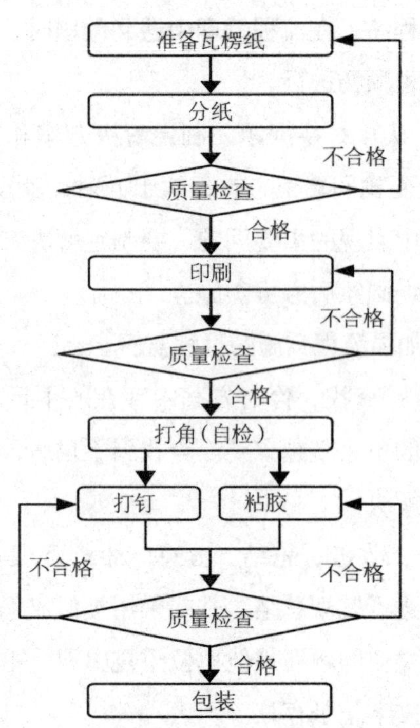

图 5–3　包装纸箱纵向生产结构流程图

2. 横向结构流程

横向结构流程，指的是每个工序的准备过程。以生产包装纸箱为例，横向流程应为：机器（工具）准备过程、人员准备过程、技术准备过程、物料准备过程、辅助生产过程、服务保障过程等（如图 5–4 所示）。

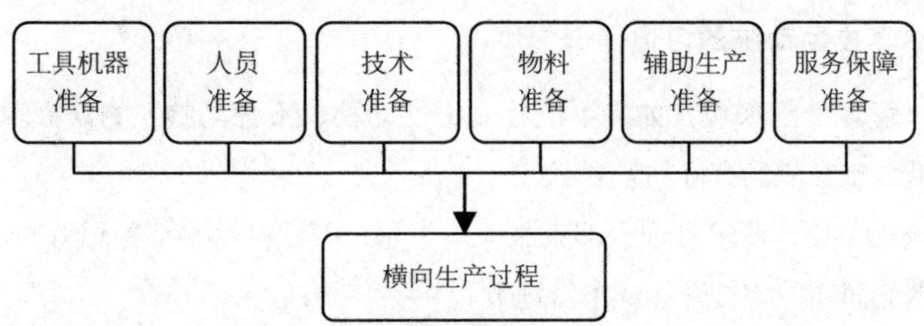

图 5–4　包装纸箱横向生产流程图

从图中可见，包装纸箱横向结构流程图，是为保障纵向生产正常进行而做的各项准备过程。只有横向流程准备完善，纵向生产才能有可靠的保障。图中，“辅助生产准备”，泛指水、电、气等能源方面的准备情况；“服务保障准备”是指安全生产、车辆运输、生产计划、订单管理、仓储等准备工作。

专家建议

管理干部应特别注意，纵向流程和横向流程，都关系到生产正常进行，以及品质、效率、成本、客户满意度问题。在生产进行前，应先做通盘考量。“横向流程”准备不足时，就会直接影响“纵向流程”效果。任何的马虎大意，都会给企业造成不应有的损失。

克服沿袭已有流程的懒惰思想

流程创新，既要有敢于颠覆传统流程的意识，更要有为改善流程寻找最佳方法的行动。

1. 减少“怕麻烦”心态

落后企业的干部，大多存在“怕麻烦”心理，不愿主动创新或改善生产流程。企业经营者和高层领导，要引导、激发干部创新流程的热情，克服“多一事不如少一事”的消极心理。

2. 养成勤动脑的习惯

对管理干部来说，如果不能让“不善动脑、不想动脑”的消极现象改观，就很难在职场有好的发展。

流程创新，要求管理干部克服懒惰思想，养成勤动脑、善思考的习惯，多花费心思在效率提升和成本管理上。

专家建议

懒惰，是流程创新的天敌，也是管理干部职场进步的克星。

打破对流程创新的恐惧心理

我在深圳市讲授“生产管理与现场改善”课程，当讲到生产流程改善与创新内容时，一位在某公司任车间主任的学员说：“刘老师，我也想通过改善生产流程提高生产效率。可我只是初中毕业，总觉得创新流程是一门大学问，害怕弄砸了，会造成很大损失。”

那位学员的话代表一种现象。对于制造型中小企业来说，百分之七八十的生产干部只有初中、高中文化，对流程再造存在很大的畏惧心理。为了克服学员们对流程创新的畏惧心理，我讲了一个故事。

韩国一个留学生在剑桥大学修心理学时，常到咖啡厅听一些诺贝尔奖获得者、学术权威或创造了经济神话的人士聊天。他们的言谈举重若轻，把自己的成功都看得非常自然和顺理成章。韩国学生发现自己原来被国内的一些成功人士给欺骗了。那些人为了让正在创业的人知难而退，普遍夸大自己创业的艰辛程度，其动机是要用自己的“艰难”经历，吓唬那些还没成功的人。

韩国学生开始对本国成功人士的心态进行研究，并把研究结果写成论文:《成功并不像你想象的那么难》。他的导师威尔·布雷登教授把那篇论文推荐给时任韩国总统朴正熙，并在推荐信中说:“我敢肯定，它比你的任何一个政令都能产生震动。”后来，那篇论文在韩国鼓舞了许多人，那位留学生也获得了很大的成功。

我告诉学员，许多生产干部之所以不敢对生产流程进行创新，并非做不到，其实是恐惧心理在作怪。只有克服恐惧心理，强化创新意识，才会在创新流程方面有所建树。

专家建议

生产线上的许多问题，貌似很复杂，当我们找到正确方法将其解决后会发现，许多看似复杂的问题，其实解决起来相当简单。

用倒推法优化流程增利润

所谓“倒推法”，就是用烦琐、混乱的生产流程造成的效率低、品质差、成本高等问题，强制要求进行流程再造的方法。

就以前面分享的“豆青釉系列陶瓷施釉流程”为例。如果不是香港老板对原来流程造成的效率低、不良率高、成本高等问题非常恼火，指令我想办法解决问题，可能就没有后来的高效流程产生。

现在重新回顾“豆青釉系列陶瓷施釉流程”，会给我们如下启示。

1. 用问题造成的结果推翻落后流程

香港的郑老板原本是贸易公司老总，对陶瓷施釉技术一窍不通，不知道生产流程优劣。但他精于企业管理，当看到如此低的生产效率和高达20%以上的返工率时，他知道会给公司造成严重的成本浪费，所以就指令我这个生产课长想办法解决。

经过努力，“倒推法”解决生产流程问题的方式收到良好效果。流程重新设置后，生产效率一下子从原本16个员工1天才生产400多套产品的低效率，猛增到7个员工1天生产1900多套的高效率，返工率从20%以上降低到 1.5%以内。

2. 打破惯性思维创新流程

我在接到郑老板关于“提高施釉效率，降低返工率”的要求后，如果还按照传统的施釉工艺流程思考改进方式，可能效果就极其有限。我只好打破常规，从“陶瓷素坯在浸釉浆前具有很强的吸水性”这个物理特性梳理思路。经过多次测试，终于取得成功，将原本 5 道工序缩减为 2 道，收到意想不到的效果。

专家建议

优秀的生产干部，既要直面生产线存在的问题，更要积极探索解决问题的方法。

正确理解流程创新对利润倍增的意义

企业实施流程创新，是要对生产流程进行重新设计、再造和更新，达到显著的绩效改进。

生产干部创新生产流程，既是提高工作效率、节省制造成本、提升产品品质的需要，也是管理者的能力和管理效果的客观体现。

企业经营者常对现有生产效率和成本、利润率进行质疑，也能有效鞭策、推动生产干部进行流程创新。

积极创新生产流程，既有利于公司效益提升和长久发展，也有利于生产干部在职场得到更多的锻炼和成长。

养成创新的思维习惯

如果我们认真揣摩一番，就会发现，在生产管理工作中，有许多的流程都有改进的余地。不但生产工艺流程可以通过创新进行改进，管理工作流程也可以在创新中优化提升。

如何养成创新的思维习惯呢？需要我们做到以下三点：

1. 学会自我反省

曾子曰：吾日三省吾身。优秀的管理干部，要懂得“自省”。每天都对生产线的流程进行一次检讨，思考一下还有没有可以改善的空间。

养成创新的好习惯，会让你在管理工作中受益终生。

2. 多和善于创新的同事打交道

近朱者赤，近墨者黑。如果能经常与善于创新、热衷于提高工作效率和产品品质、节省制造成本的干部打交道，就会激发自己创新流程的热情和欲望，使自己成为创新型干部。

3. 掌握“好习惯 21 天培养法”

心理学家经过长期研究得出：好习惯需要 21 天养成。一项简单的行动或行为，只要能坚持 21 天，就能形成一种习惯。如果能坚持 90 天，这个习惯就会稳定下来。如果能把这个习惯坚持 365 天，再想改变都很困难。

生产流程再造应遵守的规则

世界万物都有一定的规则。实施生产流程再造，应该遵守哪些规则呢？

1. 与技术、信息相结合

实施生产流程再造，离不开创新，尤其是生产技术的创新。中小企业在实施生产流程再造时，一定要考虑工艺技术和信息技术的因素，将流程再造与新技术的发明、推广和信息技术利用结合在一起。

2. 与科学管理相结合

生产流程再造不是单纯的技术创新，因此要考虑管理模式对流程再造的影响。必要时，可通过管理创新来实现流程再造的最佳效果。

3. 遵循相关步骤

要获得生产流程再造的成功，首先需要有严密、谨慎的规划和实施的措施。这是流程再造成功的重要保障。其次，要制定、确立流程再造的实施方法，明确在实施过程中应遵循的步骤，保证流程再造的系统性和有效性。

4. 沟通与协调

重大的生产流程再造，需要多人、多部门参与其中。要与相关部门、相关人员做好沟通协调工作，保证规划顺利实施。

5. 尊重操作员工

尊重操作员工的意愿，是流程再造顺利推行的基础。

06

掌握倍增企业利润的36 计

对企业生产现场来说，要点，就是生产管理的焦点，或称为“关键点”。

管理的意义，就在于使用“适用的管理方法”，科学、合理地控制一个个要点，起到以纲控目的作用。因此可以说，纲举目张是生产现场管理的最高境界。

生产干部如果不懂得管理要点，抓不住现场管理的关键环节，就会顾此失彼、眉毛胡子一把抓，捡了芝麻丢掉了西瓜，辛苦忙碌却没有效果。

优秀的生产干部，会掂量工作的轻重缓急，将繁杂的工作合理分类，然后突出工作重点，抓住管理要害，将繁杂的生产现场管理得头头是道，达到高产、高质、高效的目的。

人员有效管理：利润倍增的主因

人，是生产线最重要的生产力。因此，人员管理是生产现场管理的永恒主题。华为总裁任正非说："华为没有可依赖的资源，只有人的大森林、大煤矿。华为的快速成长主要是在竞争驱动下不断改善管理，完善激励机制和治理机制，使高素质的劳动者的创造力得到极大的发挥，形成良性循环。"

从古到今，人员管理都是一门既简单又复杂的学问。就企业管理而言，管好了人，就成功了一半。

任何事项的管理，都有一定的方法。人员管理也不例外。

第 1 计，引领为主："90 后"员工是利润倍增的主流

在生产主力军构成中，"80 后""90 后"员工已经占有绝对的比例。针对这些新生代员工的管理，是企业经营者和管理者共同关注的话题。

1."80 后""90 后"员工的管理误区

我在讲授培训课程时，常与生产干部就"85 后""90 后"员工管理问题进行交流。我发现，许多企业干部对"85 后""90 后"员工的"管理"走入了误区。来看一个发生在"85 后"员工身上的案例。

在一家生产陶瓷制品的台资企业彩绘部，早上刚上班，"85 后"男员工小李就找班长请假。班长告诉他："请假要提前一天申请。"小李说："我家里人来了，在大门口等我。我现在就要请。"班长没好气地说："不行。这是公司规定。"说完，班长继续安排其他工作事宜去了。

小李坐在流水线边不做事，坚持要请假。班长没办法，只好找来小组长。小组长急火火地批评道："现在赶货忙得要死要活的，你请什么假？不批。"小李又把事由重复一遍，坚持说："我一定要请假。"小组长没办法，把小李带给主管处理。因为生产线人手紧张，流水线一环扣一环在生产，如果批准小李请假，就要从别的班组协调人力补充岗位。

主管是位30岁左右的小伙子，管理方式较强势。问明情况后，他告诉小李："生产线人手太紧张，不能批假。"小李语气焦躁起来："老大，我一定要请假！"主管生气地说："哪有你这样请假的？！请假也要按照公司的《请假制度》办，提前一天申请。"男员工站在主管面前怄气。忽然，他一把抓起主管办公桌上一个客户签字的陶瓷样板，一副鱼死网破的样子，说："老大，你如果不批我请假，我就把这个签字样板给你摔碎。我一分钱工资也不要了，立马走人。"

对制造业来说，客户签字盖章的样板，是在生产时、客户验货时对照使用的。一旦丢失或损坏，问题非常严重。最后，主管实在没办法，很不情愿地在请假单上签了字，给小李批了1天假期。

"管理"这个词，表现出的是"管"和"理"两层意思。管：就是用科学、适用的制度、章程，约束员工的行为和工作规范，达到全体人员"步调一致"的效果。理：就是理顺。在管理工作中，由于人与人之间的意见分歧、价值观不同，常会出现不和谐的"音符"。干部的作用，就是采用合理、有效的方法，将工作中产生的矛盾和问题，通过沟通、谈心、交流、引导等多种方法，及时进行梳理、疏导、化解，让工作顺畅起来。

许多管理干部在对待员工方面，"管"得多，"理"得少。过去，生产线主力军是"60后"和"70后"，他们的抗压能力强一些，能够接受简单粗暴的管理方式。"80后""90后"员工抗压能力弱，个性鲜明，喜欢张扬自我。如果还用管理"60后""70后"员工的方式对待"80后""90后"员工，显然是不合时宜了。

所以，管理干部必须从简单、粗暴的方式中走出来，用新方式对待新生代员工。

2. 用“不管”的方法达到“管”的目的

对于“90后”员工的管理，我宣导的是“引领”理念。当我们管理员工的时候，常常会以“管理者”的形象出现在员工面前，就会带着“官僚气”，采用简单粗暴的方式。要知道，“90后”员工是不适用“管理”套路的。

为了更充分地吃透“90后”员工的心理和思维特点，让我的培训课内容更具针对性和实操性，帮助学员在管理过程中，对“90后”员工进行有效的心理引导和启发，我专门咨询了从事心理学研究多年的专家。在谈到如何有效引领“90后”员工时，专家说：“要想钓到鱼，就要了解鱼的习性，用鱼的思维方式推理鱼的心理，找准鱼的活动规律。引领新生代的员工也是一样道理。如果你不了解他的优点、缺点，不关心他的喜怒哀乐，继续用生硬、粗暴的管理方式，你的管理工作就会越来越难做。”

所以，对“90后”员工宜以引导、诱导为主，先和他们交朋友，了解他们的兴趣爱好，让他们从心理上能够接受管理人员。然后再做他们的老师，教导他们做事的方法和做人的道理，让他们在潜移默化中接受管理思想和工作方法。

3. 高效引领““90后””员工的“五大文化”

现在是“柔性管理”盛行的时代。对“90后”员工采用文化引领的方式，是企业干部明智的选择。

（1）接纳文化——消除代沟的助溶剂。

管理干部和“90后”员工之间存在的无形的代沟，是抵触情绪产生的要因。真诚接纳员工，体现的是管理干部的胸襟和包容，也是现代管理者应有的职业品德。管理干部只有主动消除心结，才能说服自己真正接纳他们。

（2）关爱文化——与“90后”员工交朋友的促进剂。

管理干部培养起关爱员工的职业素养，是有效引领“90后”员工的重要条件。因为关爱能产生认同感、凝聚力和驱动力，是管理者感召“90后”员工的最好方式。利用关爱“90后”员工产生有效生产力，是管理的高境界！

（3）融合文化——与“90后”员工打成一片的黏合剂。

融合，能产生认同感。管理干部如果能融入“90后”员工之中，用他们喜好的方式与之交流、沟通和管理，让他们在管理人员身上找到认同感和亲近感，他们就能追随并共同行动，和干部共同达成团队目标。

（4）柔性文化——消融“90后”员工抵触情绪的稀释剂。

“上善若水”是中国式管理理念的重要组成部分。水，是柔性管理的代名词。中国式管理艺术讲究“刚柔相济”！“柔”是“刚”的有机补充。“中国式管理”的六个内涵，即：内在优于外在；心理重于物理；身教胜于言教；肯定好于否定；激励强于控制；务实也要务虚。

（5）互动文化——激发“90后”员工士气的强心剂。

“90后”员工喜欢别开生面的互动，喜欢在互动中展示自我、张扬个性，有彰显自我价值的心理诉求。因此，有益、有效的互动，能激发“90后”员工的积极性、创造力和参与意识。

互动的形式多种多样，包括公司和员工之间的互动、管理人员和员工之间的互动、员工与员工之间的互动、工作之内的互动和工作之外的互动等。

以上“五大文化”，管理者必须高度重视。这是管理者引领“90后”员工必须面对的课题。

4. 提升“90后”员工业绩的五项措施

管理干部掌握有效的方法和措施，能让管理工作事半功倍。

（1）正面引导——树立“90后”员工的信心。

以前我在一家大型台资企业管理生产时，为强化员工的稳定性，提高生产效率，我常常提醒中基层干部，要用对公司有利的正面信息引导员工，让他们看到公司的光明前景，增强对公司的认同感。

我告诉管理干部说：“每个员工的头脑中，都是要接收公司各方面信息的。管理干部不用正面的信息帮助员工树立对公司的信心，那些落后员工传播的公司的负面信息，就会占据员工的头脑。员工接收的公司负面信息过多时，就会产生‘离开’的想法。”

我曾经在培训课堂上和学员门一起算过这样一笔账。如果一个新员工进入一个单位，管理人员不进行正面引导，这个新员工得到的企业信息，正面的占40%，负面的占60%。40%（正面）－60%（负面）＝－20%（负面）。

这个新员工就不会认可公司的企业文化，就会选择离开。

如果管理者加以引导，新员工得到的企业正面信息是60%，负面信息占40%的话，60%（正面）－40%（负面）＝20%（正面）。这个新员工就基本认可公司的企业文化，就可能留下来。

更进一步说，如果你是一个很负责任的管理人员，不仅积极引导新员工，还安排心态端正、工作积极、技法娴熟、责任感强的优秀员工对新员工进行传、帮、带，让新员工充分感受到公司领导的关怀和团队同事的热情与真诚，他的感觉就完全不一样。

如果这个新员工得到的企业正面信息占90%，负面信息仅为10%，90%（正面）－10%（负面）＝80%（正面），这个新员工一定能成为团队的积极分子。

当正面信息占绝对优势时，员工就会留在企业工作，甚至快速成长为优秀员工。这就是企业对员工进行正面引导的实际意义和重要价值。

（2）包容其缺点——让“90后”员工安心工作。

提高业绩、创造利润，离不开稳定的团队。想让“90后”员工安心工作，保持团队的稳定性，就要包容他们的一些缺点。金无足赤，人无完人。管理者不应按“完美标准”要求“90后”员工。

每个时代的人，都会带有那个时代的烙印（缺点）。只是“90后”员工在缺点表现方面，与其他时代的人不同。优秀管理者不但要勇于承认自己的过错，而且要有包容员工合理过错的胸襟。学会包容，也是优秀干部展示出来的职业素养。

企业包容“90后”员工，要注意两个方面：

第一，包容“90后”员工的过错，不是欣赏或放纵他的过错，更不是鼓励他去犯错。而是让他认识到干部对他的友善与关爱，让他更好地改正错误。

第二，包容不是迁就，更不是放任自流，所以不能走向极端。过分的包容会衍生出溺爱的毒素，既危害员工，又危害团队。

包容是一种美德。有益的包容，既能减少“90后”员工的跳槽与流失，也能让你负责的团队在稳定中成长。

（3）鼓励创新——让“90后”员工“灵光闪闪”。

“90后”员工在职场上表现出的亮点，是思维活跃，富有创新的灵感。

但他们的情商往往不能满足工作的要求，所以需要管理者多鼓励、多引导，让他们的灵感得到更好的表现。

理发师带了一个徒弟。徒弟第一次上岗，给第一位顾客理完发后，顾客说:“头发留得长了。”徒弟不语。师父向顾客解释:“头发长叫深藏不露，很符合您这样的身份。”顾客听后很高兴，满意而去。徒弟接着给第二位顾客理发。结束后，顾客说:“头发剪得太短了。”徒弟不语。师父赶忙向顾客解释:“头发短显得利索、朴实，容易给人亲切感。”顾客高兴地离开了。徒弟接着给第三位顾客理发。理完后顾客说:“花的时间太长了。”徒弟不知该怎么接话，师父笑着说:“为‘首脑’多花点时间很有必要。‘进门苍头秀士，出门白面书生’。”顾客满意极了，大笑而去。徒弟去给第四位顾客理发。有了第三位顾客的教训，这次理得很快，一刻钟就结束了。顾客不满地说:“十五分钟就搞定了？”徒弟知道自己又犯错误了，低头不语。师父笑首解释:“时间就是金钱，顶上功夫速战速决，为您赢得宝贵的时间和金钱，何乐而不为？”顾客满意地告辞了。

晚上打烊后，徒弟感激地问师父:“我今天没有一次是做对的，您为什么处处替我说话？”师父宽厚地笑道:“每件事都有对有错。我是站在积极的角度去解释，对顾客来说，是讨人家喜欢；对你来说，既是鼓励，也是对你的鞭策。万事开头难，希望你以后把活做得更加漂亮。”

徒弟很受感动，从此越发刻苦学艺，用更加精湛的手艺回报师父的良苦用心。

爱听好话是人的天性。对“90后”员工来说，及时的鼓励可提高他们的自信心，唤起他们工作的激情。

“90后”员工虽然思维活跃、灵感多，但情绪波动也大。对于他们提出的建议或思路，哪怕是有缺陷、不完美，如果管理干部能及时鼓励、正确引导，就能帮助他快速提升与成长。

鼓励员工既是管理艺术，又是职业美德。被鼓励的员工心怀感激、努力工作，就是对管理者最好的回报。

（4）更新沟通方式——让“90后”员工接受你。

沟通，既是一门艺术，也是管理者应具备的重要素养。与“90后”员工沟通，最好是采用他们喜闻乐见的方式，如邮箱、QQ、博客、微信等年轻人常用的沟通方式。除此之外，还可以组织一些员工生日庆贺、形象展示、工作成绩分享、感恩员工贡献等沟通活动。这样不仅丰富了文化生活，增强了沟通效果，还将使业绩不断提升。

我把与“90后”员工的沟通技巧，概括为12句话。为方便记忆，我编制成好记易懂的顺口溜：

嘴巴甜，有笑颜；心意诚，情绪敛；讲方法，多变通；树拇指，鼓励先；多包容，不放纵；要尊重，留情面；多喝彩，多赞美；功劳推，过失揽；担责任，少允诺；多关爱，心常谈；多培养，勤纠错；语气柔，气度宽。

（5）强化培训——让“90后”员工快速成长。

在一次培训课上，一位自称是企业内部讲师的学员问我：“刘老师，我们工厂现在大多是‘80后’和‘90后’员工。我给他们讲培训课时，一个个心不在焉。我怎样提高培训效果？”

我没有直接回答，而是给他讲了一个童话故事。

一只小白兔去河边钓鱼，钓了半天，没一条鱼上钩。小白兔很气馁。这时，在不远处钓鱼的小猫走过来。看到小白兔丧气的样子，小猫问：“你为什么不高兴啊？”小白兔垂头丧气地把钓不到鱼的窝心事告诉了小猫。

小猫看看小白兔挂在鱼钩上的鱼饵竟然是胡萝卜，忙纠正道：“你用的鱼饵不对。想钓鱼，就要用鱼喜欢吃的东西做鱼饵。”

听我讲完童话故事，那位学员感悟地说：“刘老师，可能是我的培训方法不适合‘90后’员工。”我告诉他：“你想让‘90后’员工接受你的培训内容，就要了解他们的兴趣爱好。‘90后’员工对枯燥无味的培训形式常抱厌烦的态度，不愿主动配合。”我总结了过去从事培训工作的经验体会，并结合“90后”员工的特点，归纳了以下几条与他分享。

方法灵活多样，用新颖性吸引“90后”学员；

语言幽默生动，让学员融入培训情景中；

内容深入浅出，让学员能听懂，能学会；

案例贴近现实，让学员有身临其境感；

理论结合实际，消除学员的厌烦心理；

素材积极向上，让培训充满正能量；

多用实事说话，体现培训的实用性；

课前准备充分，提高培训受益效果；

课堂气氛活跃，增强学员参与意识。

第 2 计，更新方法：让新员工成为利润创造者

人，是最重要的生产力。企业要发展，员工培养与提升，就成了困扰人力资源的当务之急。以前企业招工，从报名、初试、面试、体检、甄选到录取，层层把关，员工的任职条件有基本保证。这几年，随着劳工荒的出现，一些企业的招聘程序逐步被简单、粗放的形式取代了。

员工招聘、录取条件放宽了，上岗前的培训工作再跟不上，后期管理的困扰就会很大。

1. 如何让新员工快速融入企业

为保证新员工快速融入企业，人力资源部在新员工入职时，要完成七个步骤的工作，才能将上岗之前的准备事项做到位（如表 6–1 所示）。

表 6–1　新员工入职七个步骤

步骤	事项	相关内容	注意事项
第一步	参观新家	让新员工认知生活环境，知道各种生活场所、文娱场所的位置、开放时间、管理规定等	行政部做好详细解说工作
第二步	熟悉新家	1.让新员工了解公司状况、发展史、公司愿景，观看企业文化光盘、教材，宣传公司主要产品和行业口碑 2.学习相关管理制度	观察每个员工的耐心、配合度和学习热情
第三步	考核新人	书面考核前面学习内容。合格者，送入相关部门。不合格者，继续学习	经 3 次考核不合格者，要果断辞退

（续表）

步骤	事项	相关内容	注意事项
第四步	分配入户	1. 将考核合格的新员工分配部门，做好与相关部门的交接工作 2. 完成交接后，要请该部门负责人在交接单上签字	交接时，要向该部门负责人说明新员工的学习和其他情况
第五步	跟进了解	新员工上岗后 2 周内，人力资源部要定期了解其在岗表现和适应情况	不能适应本职工作者，要调换岗位或部门
第六步	建立档案	对新员工上岗后的观察、了解，要持续 3 个月或更长时间	了解的频率，可随时间推移逐渐延长
第七步	培训访谈	遵守访谈制度，定期访谈新员工，了解他们的想法和生活需求	访谈间隔周期视情况而定

新员工入职工作一定要按部就班地进行。任何草率和不负责任的做法，都会给后续工作造成困扰。

2. 如何对新员工实施岗位培训

新员工上岗培训，一般由部门主管负责落实，应遵循以下四个步骤（如表 6–2 所示）。

表 6–2　新员工上岗培训四个步骤

步骤	事项	上岗培训要求	注意事项
第一步	选师父	1. 对师傅的要求：有责任心、技术熟练、有教导方法、认同公司的企业文化 2. 举行授徒仪式，确保带徒质量	给新员工挑选师父，要严谨、审慎
第二步	严规程	1. 要求新员工严格遵守流程规定，不得擅自增减流程和动作 2. 操作重型机器的员工，要在责任心方面认真督导，严格规程的细节要求	部门主管做好督导、要求工作，保证上岗培训质量
第三步	定时间	1. 根据岗位难易度，规定新员工可以正式上岗的时间 2. 激发双方的积极性，缩短培训时间	能提前达到上岗标准者，要给当事人和师傅适当的奖励
第四步	严检查	新员工正式上岗时，主管要对新员工掌握的操作技能和规程进行确认。不合格者，延长培训时间	检查工作要慎重、严谨

企业在新员工上岗培训方面花费精力和成本，是有价值的投入。使用没有培训的员工是最大的浪费。

3. 如何让新员工快速成长

我有一个咨询界的朋友，是在松下公司成长起来的。在说到自己的成长历程时，朋友常常说在松下公司工作的时候，是他学习东西最多、成长最快的时候。他讲了这样一个典故。有媒体记者问松下幸之助："松下先生，你们公司是制造什么的？"松下幸之助郑重其事告诉记者："松下公司首先制造的是高素质的人才，然后是制造电器产品。"

松下公司培养人才的方法，借鉴的是儒家文化培养人才时惯用的"传、帮、带"的方式。日本人称之为"母鸡带小鸡"。

"传"：发动老员工，向新员工传授工作经验、方法和技能，让新员工尽快适应工作。

"帮"：让老员工帮助新员工解决工作中遇到的问题，保证其工作顺利。

"带"：老员工用自己的言行，带领、引导新员工如何做合格员工、如何融入团队、如何认同公司的企业文化。

在对新员工实施"传、帮、带"时，要注意以下几个问题（见表6–3）：

表6–3 对新员工"传、帮、带"注意事项

序号	事项	新员工对传、帮、带的要求	注意事项
1	选好榜样	选择榜样要具备的条件： 1. 技术基础好 2. 忠诚度高 3. 德能兼备	给新员工挑选榜样，要严谨、审慎
2	制订计划	1. 给新员工制订"传、帮、带"计划，缩短培养时间 2. 制订计划参加人员：部门主管、人力资源部人员、师父 3. 确定阶段与重点	计划要保证切实可行，强调实施效果
3	跟进考核	考核人选由部门干部和人力资源部人员组成，既可交叉考核，也可单独进行	考核频率不宜太密，以免增加成本

给新员工选"传、帮、带"人员，可以和选师父结合起来，不一定单独进行。

专家建议

新员工教导与培养效果，直接影响到企业的工作效率和质量管理。管理干部要和人力资源部密切配合，不可掉以轻心。

第3计，培训教导，向OJT要利润

21世纪是靠知识、信息科技和技能参与市场竞争的时代。管理层知识匮乏、员工技能不足、科技含量欠缺的企业，必定被市场经济大潮淹没。

中小企业要发展，通过培训提升干部和员工的素养，是最高明的方式。

1. 实施OJT战略

OJT，指的是单位组织的对在职干部、员工进行的岗位技能、专业知识、应用技术的培训练习。

企业实施OJT战略，是提高竞争力的可靠保障。

2. 对OJT存在的两种错误解读

错误一：把实施OJT战略理解为是只针对新进人员实施的培训。其实，OJT是企业长期的人员素养提升培养战略。不同的时段，企业要有不同的培养教育项目和内容。

错误二：认为OJT需要安排专门的场所和时间。

其实，OJT的宗旨是在企业人员需要教育时，随时随地进行。

3. OJT要因人而异

由于各个工作岗位、各个人的素养对OJT内容要求不同，所以，在实施OJT时，只有“因人下菜、有的放矢”，才能收到应有的效果。

专家建议

管理干部通过实施OJT提升部属的技能，既有利于部属自身成长，更有利于团队业绩提升和公司效益增长。

第4计，控制人力成本是利润倍增的重要手段

不断攀升的人力成本，给许多企业造成很大的经营压力。以广东省为例，2013年，广东省最低工资标准再次上调19.1%，5月1日起正式执行。本次上调后，深圳市最低工资标准为1600元/月，广州市为1550元/月，珠海、佛山、东莞、中山四市为1310元/月，汕头、惠州、江门三个市为1130元/月，其他11个四类城市，最低限额上调为1010元/月。按照国家规定，最低工资标准至少两年就要上调一次。

可见，人力成本控制问题，必须提上企业的议事日程。

1. 人力使用的数量控制

合理控制人力使用数量，是降低人力成本的有效方法。以劳动密集型企业为例。不少管理干部在安排生产时，喜欢将订单集中生产，打歼灭战。这种生产法，既浪费人力，也不利于生产效率的提升。

我在珠海市讲“低成本卓越现场管理”课程时，请几个生产经理和车间主任分享他们安排订单的方式。一个在木器工艺厂彩绘车间任车间主任的学员介绍，他在车间安排订单时，喜欢干净利落。要生产哪个订单，就根据订单的数量安排彩绘人力。他的意思很明白，早将一个订单生产完送进仓库，生产线就少一些复杂的事情。

这样安排生产的方式，表面看生产线少一个订单运作就减少一些麻烦。如果站在成本管理的角度看，这种图省事的生产安排方式，既浪费人力，也弱化了品质稳定性。

我们分析一下。彩绘是靠手工作业，从生疏到熟练，需要一个过程。生产过程越长，作业员熟练程度就越高，生产效率和合格率也就越高。那位车间主任采用打歼灭战的方式，看起来能缩短生产周期，但却要投入大量的人力。一个订单从彩绘上线到生产结束，只用很短的时间，彩绘工人还没进入熟练阶段，产品就要下线了。这是浪费人力的生产方式。

那位车间主任听我说到他的症结上，虔诚地问：“刘老师，我们应该怎样调整，才能节省人力呢？”我告诉他：“站在成本控制角度，应该将打歼

灭战的方式改变成打持久战。在订单交货期允许的情况下，尽量少安排人力，将彩绘生产周期拉长，让所有参与订单彩绘的员工都能熟练掌握，将生产效率和品质提升起来。”

其实，生产线干部只要站在成本角度思考问题，在控制人力方面，会想出很多方法。

2. 人力作业的时间控制

生产线一般存在三种计酬方式：计件生产、计时定量生产及计时生产。如何控制人力成本，是生产干部必须考虑的问题。

在广东省惠州市有一家台资企业，采用计时方式生产，效率很低。经理让车间主任改为计时定量方式生产。车间主任缺乏经验，在规定数量时，按照计时生产的产量作为参照数据，将一周的产量一次性规定出来发给各个班组。

按照规定，每个班组完成当天产量就可以下班，工作时间计算到晚上10点半。每个员工除了正班8个小时工资外，还有4.5个小时加班费。结果，效率最高的班组，下午2点前就完成了生产定量。下班最晚的也在下午4点钟之前。

很显然，这样的定量生产是有问题的。意料之中，车间主任因此被炒了鱿鱼。

再看东莞市一家文具厂，公告栏里贴出一则告示：包装车间主管和某日晚上加班的班长被处罚，员工全部通报批评。

原来，有人向老板检举包装车间主管打完加班卡后回宿舍做私事。老板安排人事部门在加班时查岗，结果看到包装车间员工都在吊儿郎当地做事，班长和主管都不在车间。人事部门的人就去宿舍找，结果看到该主管在看电视、班长站在宿舍外吸烟。

像这样假公济私混工资的现象，在落后企业屡见不鲜。我认为可采取以下三种方式解决类似问题：

第一种，对主管加强职业道德教育（必要时可撤换主管）。

第二种，督导行政、人事部门，对申报加班的部门和岗位加大稽核力度。

第三种，量化工作。让相关技术人员和管理干部一起制定标准工时，科学核算各部门、各岗位的工作量。

3. 人力安排不当的成本控制

对操作员岗位安排不合理，不能充分发挥每个操作员的作用，也是造成人力成本增加的重要因素。优秀的管理干部，会从多方面了解操作员的情况，将每个员工的优势都能充分、有效地发挥出来。

4. 无所谓的加班控制

在以计时方式计算薪酬的岗位，“无所谓的加班”表现尤为明显。有些工作量原本不大，白天努力一下就能做完，结果被人为地拖延下来，不得不加班完成。也有私心重的员工，为了多挣加班费，故意把白天就能完成的事情拖延到加班时间完成。

生产干部可以采用量化工作、加强责任教育等方式解决此类问题。

5. 工作效果的实效控制

个别员工由于工作责任心差，只管完成任务交差，不注重工作质量，结果导致返工，既耽误了现有工作的完成时间，也影响到其他工作的进行。

解决此类问题，可通过强化细节管理、加强过程检查督导的方式，发现问题时及时纠正。

6. 人员之间沟通不畅的成本控制

员工之间沟通不畅，影响工序效率和工作衔接。干部之间沟通不畅，可能会造成部门衔接脱节，阻碍生产正常进行或导致流程错乱。

任何的沟通障碍，都会影响到生产效率和工作效果。强化沟通，是管理干部和员工必须补上的课程。

7. 掌握人员管理中的变通艺术

我讲授“中国式人员管理艺术”课程时，有学员问：“刘老师，怎样更好地掌握‘中国式人员管理艺术’的内涵？”我给他讲了一个故事。

有个集团公司，因为当年经营不理想，总经理在开会时，告诉三个分公司经理：“今年公司亏损，年终奖金就不发了。”

一分公司经理不善于动脑筋，回去直接告诉下面的人：“今年公司亏损，年终奖金不发了。”下面的人听说年终奖没有了，私下一片骂声。工作热情也随之降低。

二分公司经理想，如果直接告诉下面的人，年终奖不发了，肯定影响大家的工作热情。他委婉地告诉下面的人：“今年公司亏损，年终奖金不发了，上头还说要裁员。我和总经理据理力争，上头答应不裁员了。”二分公司员工很庆幸，对经理说了不少感激的话。

再看三分公司经理。他把所有人员召集过来，宣布：“今年公司亏损，不发年终奖了，上头还说要裁员。”说完，他就离开了。

由于怕被裁员，员工们各自使出高明解数。有人给经理送红包，有人请经理喝酒，有人在工作中拼命表现。

为什么说中国式管理是一门艺术？现在分析三位分公司经理的做法：

一分公司经理的做法是典型的简单粗暴。公司没有赢利，不发年终奖是应该的。员工对不发年终奖持什么态度，那不是我的事儿。

二分公司经理的做法，让人感觉有人情味。所以二分公司的员工不但没有抱怨，还感激经理能在关键时刻与总经理力争不裁员，让大家有了安全感。

相比之下，三分公司经理的做法则更胜一筹。他抓住了大家在年终时“害怕失去工作”的心态，巧妙地给下面的人施加适度的压力。因为管理学告诉我们：压力能让人产生动力。三分公司员工正是在“害怕失去工作”的压力下产生了动力，所以都争相表现自己。

这个小故事，是否给我们的管理工作带来一些启发呢？

计划管理：为利润倍增锦上添花

行之有效的计划管理，是企业实施科学管理与标准化控制的客观体现。

在制订生产计划和工作计划时，既要考虑科学性、合理性，更要重视可行性。因为所有的计划制订出来，都是要执行的。缺少可行性，再完美的计划也是中看不中用。

第5计，制订计划，让利润倍增有章可循

科学、完整的生产计划，能保证订单顺畅生产，让生产效率最大化。因此，制订生产计划是生产干部必须做好的重要功课。

1. 生产计划的误区

有些生产干部不愿意做生产计划，是因为他们对生产计划存在一定的认识误区。

第一，“怕麻烦”思想。有些生产干部认为“计划没有变化快”，一旦出现变化，制订的计划就要推倒重做。所以，他们不愿意花费精力制作生产计划。

第二，拿“不确定因素”当托词。有的干部认为生产线不确定因素多，做了生产计划怕用不上。

第三，认为自己已心中有数，不需要做生产计划。

不管哪种原因，都是导致计划管理失败的客观因素。

2. 生产计划与管理

企业为了向客户提供准时的交期、满意的产品、良好的服务，必须在订单生产时，对所有的人力、财力、物料、技术、场所、设备、能源等，进行适当的协调、调配与组合，以满足客户对订单交期、数量、质量等的要求，同时还要合乎企业自身对利润和成本管理的要求。

企业为了高效率、低成本、准交期完成订单生产，就必须实施计划管理。

3. 制订生产计划要考虑的问题

在制订生产计划时，通常要考虑下列因素：

订单（包括现有订单和预估后续订单）。在考虑订单时，要注意几个方面的因素：注意订单评审；注意订单的交期与品质要求；在交期规定时间内能否达成。

人力。人力是订单生产的重要因素，也是考虑的重点。

技术。技术涉及能不能制造出产品。

设备。机器数量、运行状况能否满足订单生产的要求。

物料。物料的合格率和到货的及时性。

供应商。评估供应商的配合度。

可能出现的问题。预估在订单生产过程中可能出现的问题。

4. 如何评审订单

大部分中小企业缺少订单评审环节，其中有两个方面的原因：一方面有的中小企业长期“吃不饱”，订单短缺因素，让企业经营者养成了“有奶就是娘”的心态；另一方面不少中小企业老板和高层经营者，自身的管理素养低，缺少评审订单的意识或方法，让公司长期形成“来者不拒”的低层面生产方式。

深圳一家企业的生产经理在培训课间与我交流，问：“刘老师，我们公司老板前一阵子也提出来要评审订单，但因不知道怎样评审，所以一直没有实施。我想请教一下订单评审的方法。”

很显然，这家企业属于上述第二类企业。在小型企业，这种类型的工厂占比较大。

企业的绝大部分利润，是由少数客户下的有价值的大订单产生的；而其他大部分客户的订单，只为企业创造了小部分利润。如果用马特莱 80∶20 法则定义的话，也就是企业 80%的利润是由 20%重要客户创造的，而另外 80%的客户下的订单，只为企业贡献 20%的利润。事实上，个别小客户下的小订单，企业基本没有利润，甚至是亏本的。

我给那位生产经理讲了订单评审的七字方针：“抓大”“放小”“挖潜力”。

“抓大”：就是抓住订单量大、价格合理的重要客户，在订单交期、品质、服务方面，尽可能满足客户的要求，建立长期的供销关系。

“放小”：对订单量小而散的客户，进行综合评估。对于那些长期只下小订单，自身公司又没有发展潜力的贸易商，要通过优化措施给予合理淘汰。

“挖潜力”：在那些所下订单散而小的客户中，也有个别是在成长中的贸易商。他们正在努力开发大客户。这些贸易商一旦被他们的大客户认可，就会有数量大、价格公道的订单拿到手。这样的贸易商就是潜力客户。与潜力客户保持好关系，是具有长远眼光的经营行为。

5. 掌握生产计划制订步骤与流程

要让制订的生产计划在实施过程中收到良好效果，就要在制订阶段多花一些精力，按照具体步骤进行操作（如表 6–4 所示）。

表 6–4　生产计划制订步骤表

步骤	事项	注意事项	备注
第一步	整理订单	将客户已经下发的所有订单收集、汇总到一起	严格查对，避免遗漏
第二步	订单评审	依照“抓大、放小、挖潜力”的原则，认真评审订单的价值	做到客观、具体、科学、合理
第三步	搜集生产技术信息	包括人力状况、技术水平、设备状况、生产场地容量状况等	生产技术信息搜集尽量全面
第四步	征求相关人员意见	计划制订者要与生产干部、技术人员多沟通，避免主观行事	让有经验者多发言
第五步	制订生产计划	计划制订者要通盘考虑，严肃认真，强调可行性	注意细节，保证计划的严密性
第六步	评估生产计划	先将生产计划发给各部门负责人认真审视，然后在会议上慎重评估	评估生产计划切忌草率和走过场
第七步	修订、完善生产计划	对检讨出的不合理、不适用的地方，要认真细致修订	保证生产计划的可行性

有的企业制订的生产计划，要么达成率很低，要么形同虚设，细究起来，不外乎两个原因：一是制订计划的人，工作经验和责任心不够；二是不重视制订过程和相关的操作步骤。

要让生产计划有效实施，就必须遵照生产计划制订流程（如图 6–1 所示）。图中，方框内文字代表制订生产计划的过程，菱形内文字表示需要评审的程序。

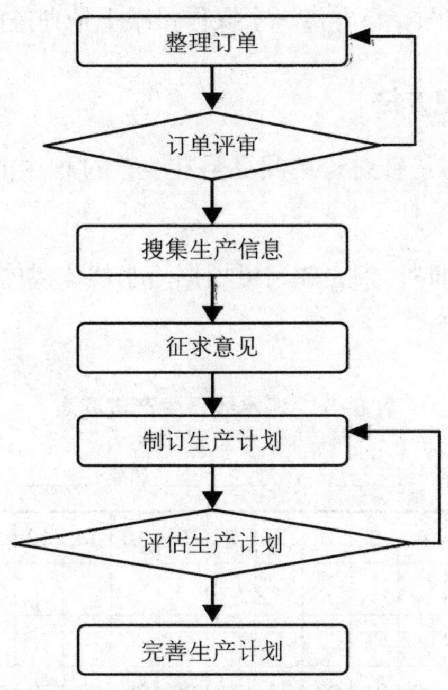

图 6–1 遵照生产计划制订流程图

专家建议

要让生产线顺畅、高效，就要在制订生产计划时多下工夫。任何偷工减料、走过场的心态和行为，都会给生产带来相应的困扰。

第 6 计，实施计划，完善利润增长细节

企业生产计划在执行时，要注意以下四个方面的问题：

1. 分解生产计划

生产线各部门负责人接到公司总体生产计划时，要将本部门应完成的部分标识、摘录出来，根据生产需要，合理分解本部门应完成的生产计划，并将其落实到班组生产线。

2. 落实与执行生产计划

有效落实、执行生产计划，是过程管理的重要部分。

生产任务分解后，干部的职责就是指导员工生产方法，跟进计划进度，解决生产中遇到的问题，督导每一个操作员跟上计划进展。

3. 生产进度管理方法

生产进度管理，是针对订单或品号在生产过程中的阶段性进展管理采用的方法。

在分解生产计划时，相关部门可根据流水线（或岗位），排出日进度计划（如表 6–5 所示）。

表 6–5　流水线日生产进度表

月份：______　订单编号：______　品号：______　班别：______　人数：______

日期	1	2	3	4	5	6	7	8	9	10	11	12	13	14	15	16	累计
计划数量																	
实际数量																	
日期	17	18	19	20	21	22	23	24	25	26	27	28	29	30	31		累计
计划数量																	
实际数量																	

表格中，“日期”一栏，指当月的日期。“计划数量”一栏，填写对应日期的计划产量；“实际数量”一栏，填写当天完成的实际产量；“累计”一栏，填写前面日期的计划数量和实际数量累计。

使用该表格时，先填写表格上方“月份”“订单编号”“品号”“班别”“人数”栏目。填写表格中各数据时，要认真对照。若“实际数量”低于“计划数量”时，说明实际产量跟不上生产计划进度，需要采取应对措施。反过来，若“实际数量”高于“计划数量”时，则要检讨。如果差异量较大，要采取其他方式适时调整，防止生产发生变异。

4. 检查、改进生产计划

为保证生产计划能顺畅运行，必须进行阶段性检查，以便发现异常时，及时改进生产计划。

生产模式：利润倍增的焦点

能让生产高效运行的模式有三类，即流水线生产模式、精益生产模式和适用式生产模式。

第7计，流水线模式：提高效率增利润

什么是流水线生产模式？就是将一系列或一部分生产程序，合理分配成若干工序，每个岗位完成一项或几项工序，整个生产程序从头到尾顺序完成生产的运作模式。

1. 了解流水线生产模式

所谓流水线生产，是指在制品固定，操作员携带工具，按照在制品生产顺序移动，经过一个循环，完成一个批次产品的组装或制作。流水线生产通常有以下三种形式：

移动流水线：在制品随着传送带移动，操作员和工具固定在一个地方。经过操作员的制作、组装或加工，将在制品变成半成品或成品。

连续流水线：多用于轨道式传送设备的机械喷涂或简单工艺的加工。在制品从投入到完成，连续地从一道工序转入下道工序，生产线进行顺序作业。这种流水线机械化程度比较高，并要求所有工序的时间节点要相等或成倍数因素。

间断流水线：在这种流水线上，各工序使用的时间和制作能力是不均衡的。因此，在一个部门各工序生产的数量是不相等的。

流水线生产模式的特点是，提高专业化程度、密切工序配合、生产节奏明快和工序协调性强。

因为每个岗位只有一道或几道工序，每个操作者经过“熟生巧”的过程，都成了岗位专家，因此专业化程度提高了。

流水线上环环相扣，操作员在工序间密切配合，相互默契。

由于操作员在流水线各道工序间按照一定的时间节拍投入运作，相互督促。明快的节奏能起到提高效率的作用。

由于流水线工序之间的连续程序较高，最大限度减少了每道工序的间隔和等待时间，工序协调性的提高让产品运作效率最大化。

2. 如何编排流水线

编排流水线时，先分析整个流水线工序的工作量，根据工作量考虑人力安排和工序分配。

例如，某产品总体工序为 10 个，总制作时间为 40 分钟，计划安排 5 名操作员生产。在编排流水线时，先考虑如何将总制作时间 40 分钟平均分配给 5 名操作员。分配简易公式应为：

40 分钟 ÷ 5 人 = 8 分钟/人

即：每个操作员在流水线上分配的工序操作时间要接近 8 分钟（如表 6–6 所示）。

表 6–6　流水线工序操作时间分配分析表

工序编号	1	2	3	4	5	6	7	8	9	10	合计
操作时间（分钟）	8	5	3	4	5.5	3	2	2.5	5	2	40
计算方式	8+（5+3）+（4+2+2）+（5.5+2.5）+（3+5）=8×5=40										
说明：											

以表 6–6 为例。第 1 工序的工作量为 8 分钟，刚好可以安排 1 个操作员；第 2 工序和第 3 工序相加为 8 分钟，可安排给 1 个操作员；第 4、第 7、第 10 工序相加为 8 分钟，也是 1 个操作员的工作量；第 5、第 8 工序相加为 8 分钟，可以安排给 1 个操作员；第 6、第 9 工序相加为 8 分钟，也可以安排给 1 个操作员。

如遇到 2 个或几个工序操作时间相加不是每个操作员应分配的标准时间时，就要调整合并工序，取工序时间相加接近平均值的工序。

3. 如何控制流水线

编排流水线的目的，是为了提高生产效率。企业干部既要懂得流水线编排的科学性，也要密切关注流水线生产的稳定性。具体做法是：随时保持流水线畅通；采用计时计量生产看板方式，加强效率管理（如表 6–7 所示）。

表 6–7　计时计量生产看板

计时计量生产看板 班别：　品号：　日期：　当日定量：　记录人：				
工作时段	8 点—9 点	9 点—10 点	10 点—11 点	11 点—12 点
计划产量				
实际产量				
工作时段	14 点—15 点	15 点—16 点	16 点—17 点	17 点—18 点
计划产量				
实际产量				
说明：				

生产管理者要密切关注计时计量生产看板上的数据，当发现实际产量低于计划产量时，要及时查找原因，及时纠正异常。

第 8 计，精益模式：用细节管理增利润

精益生产模式，是在丰田创立的 JIT（Just In Time 的缩写）准时化生产基础上发展起来的，是对流水线生产的进化与变革，是提高生产效率、降低成本的有效方法。同时也代表着企业管理进入了深层次阶段。

但是，精益生产模式对综合因素要求较高，一般中小企业推行很难收到应有的效果，最后往往不了了之。因为精益生产模式既是管理方式和手段，更是系统检验工厂综合管理水平的管理体系。正因为如此，精益生产模

式存在着很难与中小企业管理现状“接地气”的问题。

如图 6–2 所示，企业在管理方面的差距，是流程化和精细化管理程度的差异。只有通过流程管理，才能实现有责、有序、有效乃至高效。就企业管理而言，70 %以上的企业还没有达到规范化管理的阶段要求，而标杆企业已经进入精细化管理阶段。

建议中小企业在选择精益生产模式时，一定要权衡企业现有状况，综合考量管理干部的承受力、执行力、学习力和应变能力，要审慎对待。否则，硬赶鸭子上架的话，会得不偿失。

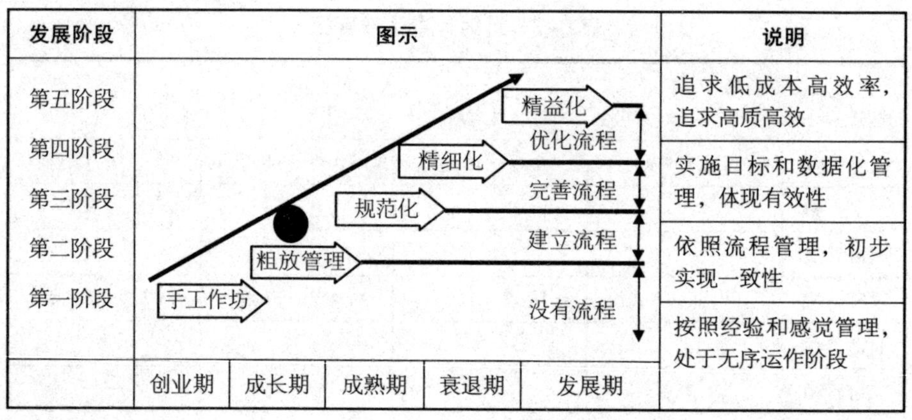

图 6–2　企业发展时期管理状况分析图

1. 掌握精益生产模式的要点

精益生产模式，综合了单件小批与大批大量生产的优点，充分吸纳了丰田 JIT 的精髓，以及供应链的管理与经营思想，是保证生产线各环节畅通、减少浪费的有效生产方式。

精益思想的精髓就是持续改进生产线存在的影响效率提升、品质控制、成本降低的问题。企业持续改善，就要解决一个又一个问题。在解决问题时，可借助 PDCA 循环进行（如图 6–3）所示。

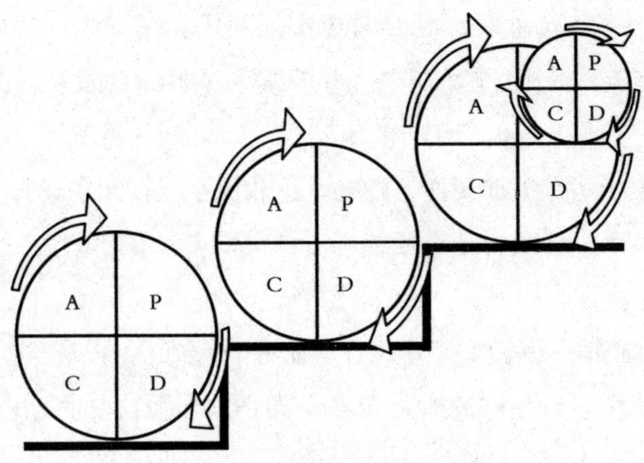

图6–3 生产持续改善PDCA循环图

图6–3中的每个大圆分别表示在解决问题时需要进行的一次PDCA循环过程。大圆下面的黑色粗线，代表台阶。每进行一次PDCA循环，生产管理就能跨上一个台阶。最上端大图中右上角的小圆，代表的是每一个小问题点都可以进行一次PDCA循环。

具体的操作方法是：在持续改善开始时，解决问题要进行第一次PDCA循环。如果第一次完成效果不理想，再进行第二次PDCA循环。如果第二次的效果仍不理想，则要考虑进行第三次、第四次循环。每循环一次，圆圈就上了一个台阶，生产线持续改善效果就强化一步，生产干部的能力和管理技能也同样得到一次提升。

2. 精益生产模式的运作管理

中小企业在导入精益管理模式时，首先要让管理干部掌握精益模式的运作方法，下面我从十个方面进行了总结。

（1）抓好龙头——研发设计是生产的开端。

组织实施新产品研发时，要将眼光放远一些。在新产品开发时，既要进行经济性评价、运筹评价、综合性评价，也要重视成组技术、计算机辅助设计方法、并行工程协作方法、设计方法等。要对新产品进行定性、定量分析，在工艺方面，要考虑生产时的便捷成本因素。

（2）布局合理——生产系统选址要得当。

在给生产系统选址时，既要考虑空间利用和车间生产设施布局问题，也要按照生产流程考虑运输成本方面的问题和其他综合因素。

（3）组织有方——生产运行的基础。

如何让生产运作更加便捷、顺畅，这和流水线在组织设计时是否科学、合理有很大关系。组织设计者要综合流水线特点和准时化生产方式的要求，谨慎进行组织设计。

（4）方法正确——做好工作设计与研究。

在实施工作设计与研究时，管理干部必须加强自身的综合能力，从行为理论方法和工作测算方法入手，开展对工作专业化方法、团队工作方法、过程分析方法、社会技术方法、运动分析方法的研究，用最有利的方法指导生产。

（5）过程控制——生产管理要跟上。

实施过程控制，是生产管理的关键环节。良好的过程控制，要求生产干部必须掌握生产计划制订方法、生产流程优化方法、物料需求计划方法、生产作业计划方法、生产进度计划与控制方法，认真做好生产管理与控制工作。

（6）专项控制——项目管理要到位。

在实施精益管理与持续改善时，有些改善点常常以项目形式列入改善范围。生产干部在落实项目改善时，要掌握项目计划方法、项目进度管理方法、项目跟踪改善方法、网络计划技术，以及项目成本费用控制与优化方法，学会使用PDCA循环法，解决项目改善过程中出现的问题，让要改善的项目高效进展。

（7）品质稳定——质量管理是关键。

保持品质稳定，完善品质管理，不断提升客户满意度，是生产干部的重要职责。为了有效控制、不断改善品质，生产干部要掌握品质管理常用的新QC 7大工具、特性要因图、统计分析法、柱状图等品质管理技法，认真做好品质问题分析、改善与管理工作。

（8）预防浪费——物资库存控制好。

做好物料管理和库存控制工作，是控制有形成本的重要措施。精益管理模式要求干部要掌握库存控制方法，熟悉消耗定额制定和物料用量定额，掌握准时制采购、零库存管理、物料ABC分类和库存管理优化办法。努力将物料管理做到位。

（9）三期控制——设备管理做到位。

工欲善其事，必先利其器。机器设备管理是否到位，直接影响到生产效率和品质稳定。设备管理分为前期、中期、后期。前期，要注意设备选购与磨合；中期，加强设备维修与养护；后期，抓好设备改造与更新工作。

（10）精益求精——流程再造须谨慎。

没有顺畅、高效的生产流程，就没有理想的生产效率。因此，实施流程再造是精益管理的重要环节。本书第5章详细叙述了生产流程再造的重要意义和操作方法，此处不再赘述。

3. 看板是精益生产的桥梁和纽带

在生产管理中，看板的重要作用是传递生产指令，让生产渠道更加通畅。由于生产计划存在一定的变性，不可能完全按照生产计划进行，计划的修改和日产量的不均衡，都可用看板进行变更和调整。

在精益管理模式中，许多生产信息都需要靠看板来公示，看板也就成了工序之间、部门之间沟通生产信息的桥梁和纽带。

4. 生产看板的使用方法

看板有多种类型和规格，具体可根据各工厂实际情况和需求来定。不同的看板使用方法也不同。

普通看板一般公示的信息范围，多为需要生产的半成品品名、品号、类型、存放位置等（如表6–8所示）。

表 6–8　生产看板（模板）

______部门　　______年____月____日						
产品名称	**客户**	**编号**	**类型**	**数量**	**存放位置**	**备注**
注意事项：						

工序之间取货看板用于车间工序与工序、部门与部门之间，供后工序到前工序或后部门到前部门领取半成品或零部件时使用（如表 6–9 所示）。看板内容和表格中的数量，可根据需要增减。

表 6–9　工序生产看板（模板）

______部门　　______工序　　______年____月____日						
产品名称	**客户**	**编号**	**类型**	**数量**	**存放位置**	**备注**
注意事项：						

外发加工取货看板是为协作生产或加工单位提供生产信息的。其制作格式与工序生产看板类似。

除此之外，还有一些卡片式、悬挂标识式等多种多样的看板模式。企业可根据自身需要设计看板模式和规格。

生产看板要以简洁、实用为主，切忌搞形式、走过场。

5. 拉动式生产

拉动式生产是一种倒推生产法，即后面部门提出对半成品（零部件）需求的数量、期限需求，要求前面部门在规定时间内提供相应数量的半成品及服务。这是大野奈一把美国超市售货方式借鉴到生产管理上的特殊生产方式。

生产看板是拉动式管理的重要工具。与常规采用的推进式生产相比，拉动式生产显示出了明显的优势。因为推进式生产是根据生产计划，尽其所能地生产，不管下一工序是否需要，往往导致生产线出现产品堆积的现象。

拉动式生产方式，是解决成品、半成品（零部件）积压、库存的有效生产方式。

6. 不能忽视的细节

"魔鬼躲在细节里"和"细节决定成败"，形象而生动地说明了细节管理的重要性。生产中的许多问题，常常就是因为某个细节没做好，导致该项工作或整个产品返工重做。

7. 国内推行精益生产模式存在的问题

问题一：局部推行，整体效果不佳。有的汽车厂推行精益生产时，仅在整车装配车间部分实现了看板取货管理，对外协零部件厂的生产管理没做更深的推进。也有企业仅在样板车间推行精益管理，实施看板拉动。此方式只为参观者提供了视觉便利，并没有收到精益的效果。

问题二：龙头公司推行，外援加工厂不配合。有的工厂推行精益管理，只有龙头公司运行，外援加工厂依然采用传统方式，缺少进一步推进的动力，没有达到持续改善的目的。外援生产线依然存在很大浪费。

问题三：照搬照套，不能接地气。有的公司在推行精益生产时，不考虑自身状况，生搬硬套国外的方法和形式，结果导致生产管理紊乱，呈现负面效果。

珠三角一个制衣厂老板，在听了几次精益生产的课程后，对日本的管理模式极为推崇。于是，他决定将精益生产模式引进到自己的工厂。起初，精益生产模式的效果确实明显。他为自己的明智之举感到自豪。

就在他举杯相庆时，行政部传来意想不到的坏消息：递交辞职书的员工超过总人数30%。

是继续推行，还是让已经见到效果的精益管理模式半路夭折？他下不了决心，只好观望几天再说。就这样1个星期后，行政部主管再也忍不住了，过来告诉他："递交辞职书的员工，已超过总人数40%了。"

再犹豫下去，他辛苦10多年创办的制衣厂就要关门了。他立刻召开干部会议，宣布取消精益生产模式，并让干部去找已经递交辞职书尚未离厂的员工，请他们留下来继续工作。

我问他："你是怎样反思这个问题的？"他深有感触地说："刘老师，我总结了三个方面的问题：一是精益生产模式在中国企业水土不服；二是文化差异造成的排斥现象；三是生活习性和思想意识方面的差异。"

他总结得很到位，感受也很深刻。在中小企业，员工接受不了日本式的管理方式，而且不只是员工排斥日式管理模式，管理者也存在着心理排斥现象。

日本企业员工讲究精致、精减，有追求卓越的意识，而国内中小企业的员工常常抱着大约、也许、差不多、一点点、无所谓的心态做事。习惯和意识方面的差异，让很多干部和员工感觉在精益管理模式的企业压力大。就拿吃饭来说，日本人讲究精致、精减、精打细算，一小碟一小碟地上菜，菜品很精美。吃完了再点，刚好吃饱。中国人则喜欢讲排场，要点一桌子菜。菜品虽丰盛，质量不见得好。相比较来说，中国人的吃法既浪费，也不讲究品质。

在中小企业推行精益生产模式，风险是极高的。

问题四：错误理解，画虎不成反类猫。个别中小企业在推行精益管理时，不是从完善整个价值流出发，只是在生产现场摆放几块管理看板。结果，由于综合管理跟不上，看板这个精益管理工具根本不能发挥作用。不但增加了购买看板的成本，还让看板占据车间的空间。

问题五：认识不足，推行精益浅尝辄止。有的经营者和高层管理者，对精益生产的渐进性和持久性认识不足，开始时雄心勃勃，一旦遇到问题和阻力，推行工作就不了了之。

专家建议

要使精益生产取得成功，必须解决以下两个重要问题：

1.精益生产模式如何与中国中小企业的管理现状衔接。

2.在推行精益管理模式之前，必须让管理干部完成思想意识的变革。不从思想意识方面着手改变，要达到预期效果就如蜀道之难。

第9计，适用式模式：综合控制增利润

卓越的管理模式和科学的管理思想，要通过合理的融会与嫁接，才能在中国企业落地生根、开花结果。这需要接地气的过程。因此，选择实战性强的适用式管理，才是中国中小企业的发展之道，才是企业经营者最明智的选择。

随着人类社会进入到知识经济时代，企业管理中以亚当·斯密的劳动分工理论和泰勒的科学管理原理为主流，注重单个环节的精细与优化的管理思想，必将逐渐淡化。而以系统思考、理念宣导、文化感召、道德规范、士气激发、责任建立等为主要精髓的中国式管理思想，将越来越多地被中国的企业家认可，并更多地导入到企业管理之中。这就是适用式管理模式产生的时代背景和重要意义。

1. 适用式管理——中小企业的明智选择

我们先来看一位民企老板的切身经历。

2013年，我在珠海讲授“企业成本降低与利润提升”课程。课间休息时，一位民企老板和我交流：“刘老师，我在参加精益管理培训时，觉得精

益是个很好的管理模式，想在工厂推行。我和一家做精益管理的咨询公司签了3个月合同，请他们将精益管理在我工厂推行起来。他们把工厂优秀干部和优秀员工集中起来，编成一条精益生产线，作为示范生产线。”

我问：“推行的效果怎么样？”

他无可奈何地说：“咨询公司在辅导的时候，那条精益生产线确实业绩不错。等辅导合同到期，他们离开工厂后，那条精益生产线很快就被拆散，整个生产管理又打回原形了。”

我问他：“为什么咨询公司一离开，你们就把好不容易推行的精益管理又打回原形呢？”

他摇摇头说：“工厂生产经理说的有道理。咨询公司顾问为了推行精益管理，把生产线优秀干部和优秀员工都抽出来集中在一起。表面看起来，精益生产线的效率比以前提高了。但其他大部分生产线的效率都明显降下去了。如果把所有的生产线生产结果都集中计算的话，总体生产效率还不如没有推行精益管理的时候。这就是我的困惑。”

这位民企老板的困惑，说明一个问题：卓越管理模式，不等于能为企业创造效益的模式。

课间休息时间短暂，我没和那位民企老板深入交流。事实证明，不管是日本的精益管理还是西方的科学管理，都需要与中国国情、与中小企业的现实情况“接地气”。

为什么一些咨询公司在中国企业推行精益生产模式，等咨询公司离开后，所推行的精益模式就会打回原形呢？因为推行精益管理模式的咨询公司，只是放大了精益管理的效果，并没有真正把日本的模式和中国的国情、企情、民族文化特性结合起来。

中小企业要发展，就要选择切合自身实际的“适用式管理”模式。

2. 给生产管理把脉，找到困扰效率的瓶颈

人在生病时，医生需要对患者望、闻、问、切，然后辨症施治。生产管理遇到瓶颈时，也需要请富有经验的管理专家或精通企业管理的实战型咨

询机构，对存在的问题进行把脉。

我在企业管理咨询公司任总经理时，在对客户企业实施“管理变革”辅导前，都会先对企业整体管理水平和局部存在问题进行调研，然后组织专家组分析、诊断，查找病因。问题点找到后，项目组专家和企业高层管理者一起，研究制订“企业管理变革实施方案”。

企业在给生产管理把脉时，通常采用两种方式：自找瓶颈和请专业咨询机构帮助寻找瓶颈。具体方法见第三章。

3. 群策群力，探讨适用的管理模式

每个企业都有自己发展的时空背景、人文背景、员工素养基础、投资者的思维方式、人脉关系、文化背景和物质基础。任何成功的管理模式，都不能被直接套用或成功复制。

中小企业经营者在寻找适用的管理模式时，要充分考虑现有的文化内涵、管理层面、高层管理者的文化素养、中层和基层干部的文化结构、员工综合素养、企业背景、财力、市场前景、技术水平、发展潜力、企业愿景和投资人对未来发展方向的期望。经认真推敲、综合分析，然后确定借鉴或运用更适合自身发展的管理模式。

4. 形成方案，检讨适用式模式的缺陷

在确定适用管理模式前，企业主导者不要急于求成。对选用的管理模式，先从多方面综合评估。必要时可咨询企业管理专家，从高端的经济理论中汲取战略方面的宏观思维。

总之，既要避免盲目性，又不能走入误区。

5. 注意“点”与“面”结合

确定新的管理模式不是容易的事情，既要充分考虑“面”的问题，也不能忽略“点”的价值。“面”代表的是大局，“点”强调的是局部和细节。只有将“面”和“点”有机结合起来，才能保证你确定的适用式管理模式能达到预期目的。

6. 宣传发动，做好前期准备工作

在推行适用式管理模式时要做好宣传发动工作，这不是搞形式主义，而是必要的造势方式。对中国企业的干部、员工来说，不通过宣传手段解决认识问题，新的管理模式就很难推行下去。

成功的企业家，都很明白宣传发动的重要作用，也都善于在工作中或推行重要项目时大力宣传造势。华为的任正非如此，海尔的张瑞敏如此，我辅导过的广东菇木真生物科技股份有限公司总经理魏心军先生、瀛通国际集团公司董事长黄晖先生、来自香港的泛亚金属制造有限公司总经理潘正中先生……都同样如此。

有心理学研究者说："人的激情喷发，需要一个心理酝酿过程。在工作推动前所做的宣传发动，就是激发人们对该项工作产生热情、激情的心理活动过程。""宣传发动，要注意适当的火候。为什么医生消毒用的酒精是75%浓度的？因为75%的酒精能达到消毒的最佳效果。"

企业宣传造势的方式很多，比较常用的有：在厂区悬挂横幅标语；在车间、会议室、办公场所张贴宣传标语；组织管理变革专题会和员工誓师大会；个别沟通交流等。

7. 实施适用式管理模式

适用式管理模式进入实施阶段时，公司高层、中层、基层干部都要密切关注。在实施阶段，主要抓好以下几个方面的工作：

增强干部的管理内涵和理论素养；

强化贯彻落实力度；

加强执行力；

关注细节；

及时检讨。

8. 稽核执行情况

稽核各部门的落实效果，既是对管理干部推进工作过程和取得效果的了解，也是无形的压力和鞭策。稽核结果要及时通报，并按照公司规定落实

奖惩制度。

9. 总结，完善适用式管理模式

世上没有完美无缺的管理模式。适用式管理模式在落实时，也会存在一定的不足。在推行过程中，进行阶段性总结，是促进管理模式落实效果的有效措施。

总结一般分为以下三个阶段：

初期阶段（3 个月内）：此阶段刚刚推行，有许多问题要解决，所以总结的密度要高。起初以每周总结 2~3 次为宜，以后逐步延长为 1 周总结 1~2 次。

中期阶段（3~6 个月）：中期阶段 1 周总结 1 次，视情况可逐渐增长至 10 天或 2 周总结 1 次。

后期阶段（6 个月~1 年）：后期可酌情安排 1 周或 2 周总结 1 次。

每次总结都要有报告，有记录，有改善措施。总结要用数据说话。根据推行效果，及时落实奖惩措施。对在适用式管理模式推行阶段表现消极或配合不力的干部和员工，要给予相应的处罚，起到惩前毖后的作用。

专家建议

中小企业经营者应该明白，适用式管理模式是既适合中小企业现状、方便推行，又能把管理变革的风险降到最低的管理模式。

过程控制：利润倍增的保障

我们先来看一个案例：

码头上有批货，需晚上加班装船。分别由人数、设备和装卸条件相同的中国、日本、美国三个装卸队各完成三分之一。我们来看看三个装卸队负责人的不同做法。

美国装卸队负责人按照货物装卸规则计算出标准工时，按照法律规定计算好加班费和补贴，然后分配任务，等待结果。

日本装卸队负责人召集有经验的装卸工，讨论制订详细的装卸方案，并按照规则计算出标准工时和加班费，然后详细分配任务，并亲临现场督导实施方案，关注每个细节。

中国装卸队老板把任务做了说明，亲自下厨做了美味的红烧肉，并把红烧肉埋在米饭下面。每个成员去端饭，老板都单独对他说：“××，你是我看好的人，多余的话就不说了，我给你多放了红烧肉，吃饱些再干活。”大家都觉得老板器重自己，晚上加班，都憋着劲拼命干活。

结果，中国装卸队完成的速度最快，老板付出的成本也最低。

这个案例中，三个装卸队体现出三种不同的管理模式：美国队体现的是科学化管理；日本队体现的是精细化管理；中国队体现的是人情化（中国式）管理。

西方人管理企业“只要结果不管过程”。这样的管理方式能够制造精良产品，但成本很高。

日本人管理企业注重过程控制，把浪费消除在制作过程中，产品做到物美价廉。

中国人管理企业感性大于理性，存在不确定因素。如果把中国人的感性和日本人的过程控制结合起来，既能提高效率，成本控制也是比较理想的。这就是适用式管理的主旨。

第 10 计，人员稳定是利润倍增的基石

人员稳定，是提高工作效率、稳定产品品质、实施成本管控的基础。

1. 管理人员的稳定

素养良好、技术过硬的管理干部，是企业应该倍加珍惜的财富。中小企业缺少大企业的优势，更应该珍惜敬业乐群、技术过硬、为企业做出贡献的管理干部。具体措施有：

给得力管理干部提供合理的薪酬和有竞争力的待遇；

给做出突出贡献的管理干部适当的奖励和成就感；

给有潜力的管理干部提供更多培训、培养的机会；

给有能力的管理干部提供更大的发展平台；

让管理干部感觉到被尊重；

让管理干部感觉到企业有“家”的温暖。

2. 核心技术人员的稳定

核心技术人员是企业的无价之宝。他们的稳定，既是核心技术的稳定，也是财富的稳定。

企业要给核心技术人员提供合理的薪酬和有竞争力的待遇。具体措施有：

给技术人员提供足额的研发经费；

给做出突出贡献的技术人员适当的奖励和成就感；

给核心技术人员提供更多技术提升的学习、培训机会；

让技术人员感觉到被尊重；

让技术人员感觉到企业有“家”的温暖。

3. 辅助生产人员的稳定

可能有人觉得，辅助生产人员并不重要，他们稳定与否，对企业无伤大雅。其实，有些岗位的辅助人员的作用是不能低估的。没有他们，可能有些重要岗位就没办法正常生产。

下面，我借用闻名豫东的书法家张中山老师讲的一则故事来说明这一点：

有个乡下小剧团，排了一场“武松打虎”的古装戏，很受观众欢迎。演武松的年轻人，觉得观众的掌声是送给他的，就自高自大，常常对演“老虎”的演员吆五喝六。

在一次演出时，演武松的主角又一次伤了“老虎”的自尊。“老虎”憋了一肚子气，决定在关键时刻给“武松”一点颜色看看。当戏演到武松摆开架势要将老虎打死的时候，“老虎”本该顺势倒在地上，显示武松的高强武功。结果，“老虎”大吼一声，猛力向“武松”扑过去。演武松的演员没防备“老虎”会反抗，结果被“老虎”用力压在身下。

戏演砸了，观众喝起倒彩。直到这时，饰演武松的演员才明白，原来他的成功是建立在饰演老虎的演员全力配合的基础上。从此，他再不敢对演“老虎”的演员吆五喝六了。

由此可见，许多从事辅助生产的员工，他们的工作并非不重要，而是他们愿意配合，甘愿当工作上的绿叶。管理干部切不可轻视了辅助人员的重要性。没有他们的稳定与配合，单靠主要操作人员，是不能提高生产效率的。

专家建议

保持人员稳定，既是生产干部的重要工作之一，也是人力资源部需要共同配合做好的工作。

第 11 计，物料供给顺畅有利于利润增长

顺畅的物料供应，既是保证生产正常运行的重要因素之一，也是提高生产效率、保证订单交期的重要组成部分。

1. 供应商供货是否及时

供应商与工厂的配合度和供应的原材料质量优劣，是影响物料进度的重要因素之一。为保证生产物料能够及时到位，品质过关，加强对供应商管理，是中小企业经营管理者应该认真考虑的问题。

一般企业，至少要保证管理好一级供应商，即直接供应商。

中等管理水平的企业，应该管理到二级供应商，即供应商的供应商。

高等管理水平的企业，必须管理到三级供应商，也就是供应商的供应商的供应商。

我辅导过一家生产电线和电子产品的集团公司，是日本索尼公司的供应商。索尼公司要求所有的供货厂家，必须管理到三级供应商。

当时，我是该集团公司管理变革项目专家组总负责人，全程协助他们完成对三级供应商的管理，共采用以下三个步骤。

第一步，建立供应商考核机制。

对企业来说，适度考核供应商，既能稳定来料的品质和送货日期，也能促进供应商自身的发展。到底考核哪些内容呢？请参考表6–10。该表在实际运用时，可根据具体情况灵活调整表格内相关栏目及内容。

表6–10 供应商考核项目参照表

×××供应商考核项目表				
供应商名称		考核日期	年 月 日	
序号	考核项目	供应商现状描述	打分	判定结果
1	合作时限			
2	供货种类			
3	结算方式			
4	物料合格率			
5	送货及时性			
6	服务态度			
7	厂商经营性质			
8	规模及类型			
9	办公室状况			
10	生产计划情况			
11	工程开发情况			
12	现场管理情况			
13	仓储管理情况			
14	7S管理效果			
15	品质控制情况			
16	对供应商管理			
17	成本控制情况			
18	劳动法执行			
19	员工满意度			
20	综合管理			
21	其他（1）			
22	其他（2）			
注意事项				
说明				

第二步，供应商评估。

对供应商完成考核后，可依据考核掌握的实际情况，对该供应商打分，具体操作方式参照表 6–11，逐项进行客观打分，并依据各项得分，判定该供应商是否合格。

表 6–11　供应商考核评估表

供应商编号:________________　　　　考核周期:____天

<table>
<tr><td colspan="2">供应商名称</td><td colspan="2"></td><td>联系人</td><td></td></tr>
<tr><td colspan="2">详细地址</td><td colspan="2"></td><td>电话</td><td></td></tr>
<tr><td>考核项目</td><td>所占比例</td><td>考核指标</td><td colspan="2">指标计算方法</td><td>得分</td></tr>
<tr><td rowspan="2">价格</td><td rowspan="2">30</td><td>平均价格比率（15）</td><td colspan="2">（供应商供货价格 – 市场平均价格）×100%</td><td></td></tr>
<tr><td>最低价格比率（15）</td><td colspan="2">（供应商供货价格 – 市场最低价格）×100%</td><td></td></tr>
<tr><td rowspan="2">产品质量</td><td rowspan="2">30</td><td>质量合格率（15）</td><td colspan="2">（合格件数/抽样件数）×100%</td><td></td></tr>
<tr><td>退货率（15）</td><td colspan="2">（退货/交货次数）×100%</td><td></td></tr>
<tr><td rowspan="2">交货情况</td><td rowspan="2">20</td><td>交货准时率（10）</td><td colspan="2">（准时次数/总交货次数）×100%</td><td></td></tr>
<tr><td>按时交货量率（10）</td><td colspan="2">（期内实际未交货量/期内应交货量）×100%</td><td></td></tr>
<tr><td rowspan="2">服务情况</td><td rowspan="2">10</td><td>配合度（5）</td><td colspan="2">出现问题时，配合解决的速度</td><td></td></tr>
<tr><td>信用度（5）</td><td colspan="2">（期内失信次数/期内合作总次数）×100%</td><td></td></tr>
<tr><td>管理</td><td>10</td><td colspan="3">管理制度是否完善，质量手册是否完整、全面</td><td></td></tr>
<tr><td>总分</td><td>100</td><td colspan="3"></td><td></td></tr>
<tr><td colspan="2">所属等级评定</td><td colspan="4"></td></tr>
<tr><td colspan="6">得分分级</td></tr>
<tr><td>等级</td><td>分数标准</td><td colspan="4">相应措施</td></tr>
<tr><td>A</td><td>86~100 分</td><td colspan="4">可加大采购量或给予一定奖励；质量、准时率为满分，经管理小组进一步考察，认定为特别优秀的供应商，物料可享受免检待遇</td></tr>
</table>

（续表）

B	70~85分	合格供应商，可正常采购		
C	60~69分	待辅导供应商，需进行辅导，应减量采购或暂停采购		
D	59分以下	不合格供应商，应予以淘汰		
考核人名单				
考核人	所属部门	考核项目	考核意见	签字确认

填表人:________　　审核人:________　　核准人:________

第三步，供应商优化。

优化的过程，就是淘汰不合格供应商的过程。具体的操作方法是：结合考核成绩，对供应商在各方面的综合表现进行分类，划分为A、B、C、D四个级别。

A级供应商。此为首选合作对象，经观察如能稳定，可给予免检待遇。

B级供应商。此类属于可信任的供应商。

C级供应商。该类供应商需要加强辅导提升。

D级供应商。最差供应商，需要果断淘汰。

说明：如D级供应商提供的是特殊部件，在淘汰之前，则要确定有能够完全替代的供应商，以免造成物料供应脱节现象，给生产造成不应有的困扰。

2. 仓储物料收发管理是否到位

落后的企业，对仓库管理和物料收发较为松懈。物料管理的效果，直接影响到生产线能否正常生产，所以不能掉以轻心。

仓储物料收货、发货管理较好的企业，既能让管理干部清晰掌握物料到位信息，又能加强仓储保管安全与效果，并保证物料能及时出仓、高效运作。

第一，在仓库设置物料看板。

设置物料看板的目的，是为了给仓库管理员和领取物料者以提示，让人一看就知道什么物料在什么地方、有多少数量（如表6–12所示）。

表 6–12 仓库现存物料管理看板

仓库生产物料库存一览表 ____年____月____日							
物料名称	编号	存货数量	备 注	物料名称	编号	存货数量	备 注

第二，做好仓储安全工作。

仓管员要根据物料特性，做好防盗、防火、防鼠、防潮、防压、防碰撞、防霉变、防曝晒等工作，保证为生产线提供合格的原材料。

第三，保证先进先出。

仓库做到先进先出，既防止物料在仓储阶段出现变质现象，又能减少仓库场地浪费。

物料供给顺畅，事关生产、仓库、采购三个部门。仓管员要做好物料收发、保管和到货信息传达工作，生产线干部要将物料使用信息及时反馈给采购员和仓管员。采购员既要保证物料采购的及时性和灵活性，也要注意异常情况下能与供应商进行良性沟通，保证物料按需供应到生产线上。

专家建议

生产、仓库、采购协同工作，是保证物料顺畅供给的基础，也是利润倍增的重要条件。

第12计，在制品质量稳定是利润倍增的保障

保证在制品质量稳定，是达成生产计划的基本条件，也是保证客户满意的首要因素之一。

1. 物料入仓品质是否稳定

让IQC严把来料检查关，是保证物料入仓品质的基础。否则，生产线运作就存在诸多隐患。

2. 生产线品质自检、互检是否落实

在制造过程中建立自我检查和相互检查机制，是保证产品质量的有效方法。

海尔集团“砸冰箱”事件发生后，在同行业中率先建立起“自检互检”制度。公司规定，自己岗位制造的半成品，自己检查合格后再交给下一道工序。如果不自检，到下道工序发现，出问题的岗位要罚款，下道工序会得到相应奖励。如果下道工序也没发现前道工序的问题，等到再下一道工序才发现，则前面的工序都要被处罚。

正是建立了“自检互检”制度，海尔才创造出过硬的品质，创建出响当当的品牌。

3. 过程检查是否认真到位

实施严格、认真的过程检查，是保证品质稳定的重要管理手段。

4. 品质问题解决是否及时有效

生产线许多大问题，起初都是微不足道的小问题。日积月累，小问题就变成了大问题。

品质问题出现时，不要因为还没造成严重损失，就掉以轻心。生产干部只有多在生产线上及时解决小问题，才不会出现大的问题。

5. 出货前的品质保障机制是否建立

不少企业由于缺少出货前的品质检查管理措施，所以常常引起客户投诉。笔者以前就职的志麟艺品实业有限公司，能够创建世界品牌，是和其良

好的品质保障分不开的。志麟公司实施的出货前品质检查，措施得力、检验严格，真正起到了品质控制和保障作用。

所以，生产干部在品质控制问题上，一定要做到善始善终。

专家建议

在制品质量稳定，是提高客户满意度的基础条件。生产干部要一手抓效率，一手抓质量。

第 13 计，工序间的协调为利润倍增锦上添花

生产线是完整的链。在生产链上，任何工序、任何部门出现了不协调因素，都会影响整体生产效率提升和生产计划有效达成。只有做到工序之间协调一致，部门之间配合默契，才能真正实现高效生产。

优秀的生产干部，不在于技术有多过硬，学历有多高，重要的是协调能力是否满足职务要求。

1. 部门之间能否默契配合

在企业管理干部培训课上，我曾问学员：“在公司里，哪个部门最重要？”结果学员的回答各不相同。在业务部工作的，认为业务部门重要；在生产部门工作的，认为生产部门重要；技术研发部、财务部、人力资源部、资材部的干部，也都认为自己的部门功不可没。总之，大家都认为自己所在的部门重要。我在白板上画了一个图形，然后再让学员对照图形说哪个部门最重要，结果大家谁也不说自己的部门最重要了（见图 6–4）。

从图中可以看出，企业运营是链的效应。在链效应图上，任何一个环节出了问题，企业都难持续经营。每个部门都重要，也都相互依托。只有各个部门之间默契配合，企业才能高效运作。生产部门要实现高质、高效，离不开其他部门的支持与配合。同样道理，在生产进行时，生产部门内部各车间、各班组、各流水线、各工序之间，也要配合默契，共同努力达成生产计划。

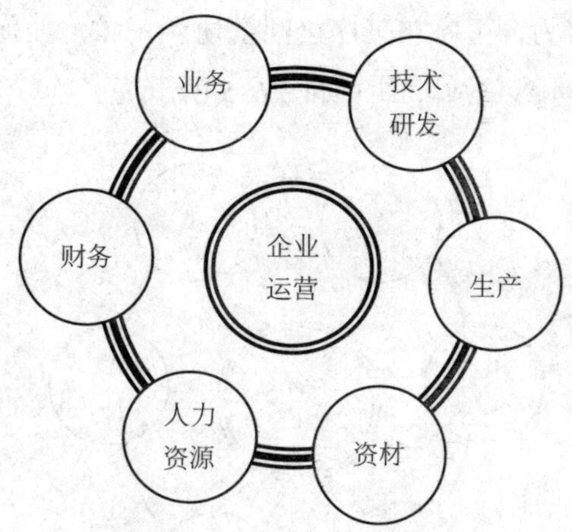

图 6–4　企业链效应示意图

2. 工序之间的协调程度

我的好朋友张华明，曾是揭阳市一家工艺陶瓷企业的厂长。前段时间，他讲了一个发生在某工厂的罢工事件。事情是这样的：

> 某工艺陶瓷工厂有几个同籍贯的技术工，总觉得自己的岗位重要，向领导要求加薪。领导没有答应，他们就闹罢工。厂长召集闹事的人开会，明确告诉他们，车间生产需要大家共同的努力。技术岗位是很重要，但技术岗位的工资原本就比普通员工高。如果因为要求加薪不成就闹罢工，工厂决不妥协。他说："在工厂里面，老板是火车头，我们每个人都只是一个零部件。火车头在向前冲，其他零部件有问题不能配合，工厂就要更换零部件。如果在生产工序之间，某一个员工不配合整个流水线，工厂也会淘汰不配合的员工。"
>
> 那些只是想通过罢工的方式达到加薪目的的工人，听了厂长的慷慨陈词，又回到岗位继续上班了。

这个事例告诉我们，生产线哪个岗位都重要，但也都不重要。顺畅的生产线，是各个工序协调配合的结果。

一个产品或零部件，要达到完美的品质效果和高效的生产速度，需要整个流水线共同努力，工序与工序之间要协调一致。任何工序出现异常状态，都会给整个流水线造成障碍（如图 6–5 所示）。

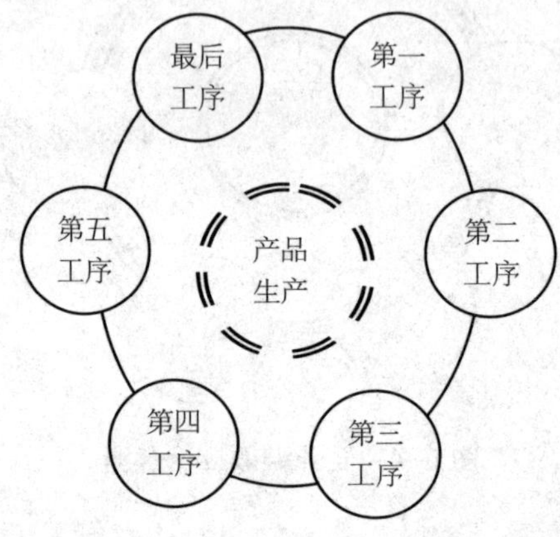

图 6–5　工序链效应示意图

3. 内部客户服务机制建立情况

建立内部客户服务机制，是解决生产断层、推诿扯皮、效率低下问题的有效方法。企业可采取以下四种方式，强化内部客户服务职能：

教导干部和员工，认清部门、岗位的职能；

让生产人员了解什么是职级客户、职能客户、工序客户；

培养内部客户服务责任心；

服务内部客户需要阳光心态和老板心态。

专家建议

解决工序间协调性差、生产效率低的问题，可以通过建立内部客户服务机制解决。

第 14 计，设备保养维护是利润倍增的基本条件

工欲善其事，必先利其器。生产要高效，机器设备的作用非常重要。

有的企业在设备运行正常时，不关心、不爱护，等到出问题，就已经很严重，必须停机检修。这既影响生产进度，也关系到产品质量问题。

1. 生产设备是否正常运转

生产干部要采用走动式管理，多关注生产设备运行情况。发现异常要及时维修养护。

2. 设备稼动率是否合乎要求

所谓稼动率，即设备有效利用率。生产设备稼动率包括两种：一是总体设备稼动率，二是单台设备稼动率。

总体设备稼动率，是指在设备总量中，有多少台在发挥作用。例如：某部门有10台同一型号的机器，而真正投入使用的只有7台，该部门这类型号的机器稼动率就是70%。

单台设备稼动率，指的是某1台机器在规定时间内使用的时间和生产出的产品合格率。例如：某家具厂木工部门1台封边机，规定1天开机10小时，而这台封边机当天只开机9个小时，封边合格率95%，该封边机当天的稼动率即为85.5%（90% × 95% = 85.5%）。

掌握生产设备稼动率情况，是生产干部督导、协调生产力，合理安排机器的工作之一。

3. 设备维修、点检情况

做好设备的点检与维修工作，是保证设备正常运行的基础。尤其是一些老旧的机器设备，更要加强点检、维修力度，并密切关注机器设备在前、中、后期的运行情况。

前期，注意设备的选购与磨合情况汇报；中期，加强设备点检、维修与养护工作；后期，抓好机器设备改造与更新等工作。

第15计，生产进度跟上计划，利润倍增有条不紊

控制生产计划进度，是过程管理的重要组成部分。有些企业的生产干部

不懂得这一点，总是在订单生产接近尾声时，才能判断出能不能如期完成。

下面我总结了管理生产计划进度应该注意的几个关键环节：

1. 生产数据统计的真实性

我对一线统计人员提出的要求只有两个：真实，快速。以前我在外资企业负责生产时，不喜欢使用高学历职员当统计。经验告诉我，一线统计人员是否优秀，不是表现在学历上，而是要有认真对待数据的责任心。学历高的职员，往往会看不上一线统计工作，导致责任感欠缺。一旦数据出现不平衡的情况时，有些统计员不是到现场核查实际情况，而是自己闭门造车把账做平。这是非常危险的事情。

2. 实际生产数量和生产计划存在的误差

此类误差通常有两种：一是实际生产数量高于生产计划数量；二是实际生产数量低于生产计划数量。不管哪种误差，当误差出现时，就要及时有针对性地解决问题。当遇到新插进的订单影响到生产计划正常进行时，要根据情况对生产计划做出适度调整。

3. 盘点是否及时有效

生产过程中对产品盘点，一般应安排在订单进行到中期和后期。后期盘点不能只安排 1 次，一般要求在生产进入尾声前 1 周就要进行 1 次盘点，在生产结束时做好终盘。除了这些定期盘点外，当发现产品异常时，还要即时盘点。

我对盘点提出的三个要求是：不错盘、不漏盘、不重复盘。为保证盘点数据准确，我建议尽可能将盘点时间安排在产品处于静止的时间段。

时间管理：利润倍增的措施

我常在培训课堂上和学员们分享这样一个理念：缺少时间观念的干部，不是合格的管理者。不注重时间的生产线，是低效能的现场。

那么，生产线如何实施科学的时间管理呢？

第 16 计，学会分割时间提高工作效率

任何一项工作，在一个恰当的时间做，都会产生非常好的效果。错过时机就适得其反。管理者只有学会分割时间，抓住时机，才能取得良好的时间效益。

1. 掌握时间特性

图 6–6 告诉我们，时间是恒久的，也是一维的。每天都按照规律运行。过去的时间、浪费的时间，都没办法追回来。时间不会因为某个人厉害就多给他一分钟，也不会因为某个人愚钝就剥夺他一分钟。

知道了时间的特性，我们就要加强紧迫感，努力利用好每一分钟。

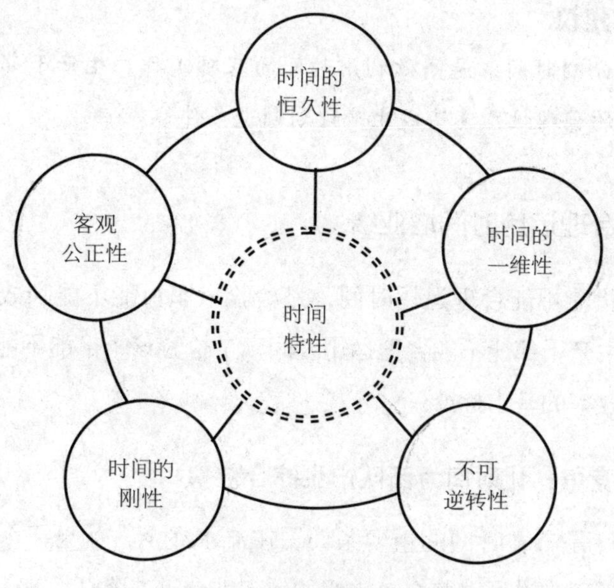

图 6–6 时间特性示意图

2. 按照订单交期，整体计划并分割时间

在分割时间时，可以把整个制造工艺分为 3 个工段，即前制程、中制

程和后制程。根据产品工艺和生产周期，对各个制程进行合理的时间分配。

例如：某订单生产时间为 30 天，月初开始上线，前、中、后制程各用时 15 天。前制程 1 日上线生产，17~18 日结束（含星期天在内）。中制程 5 日上线生产，22~23 日结束（含星期天在内）。后制程 10 日上线，27~28 日结束（含星期天在内）。后制程下线离出货还有 2 天时间，刚好可以作为安全时间。

3. 遵照计划分割，对时间进行区域分配

区域分配，就是前、中、后各制程遵照计划分割时间，合理分配内部各部门的生产时间。这是达成计划分割时间的基础。

4. 工序时间分割，局部掌控并运用

各个生产班组按照车间分配的时间，再科学、合理地分配到各个工序。

专家建议

科学分割时间，是高效利用时间的基础工作。生产干部要注意时间分割的合理性，为达成生产计划创造条件。

第 17 计，合理运用时间增业绩

一个职员能不能合理运用时间，是检验该职员能不能高效工作的基本标准。一个生产干部能不能合理运用时间，是检验该干部能不能在管理工作中提高生产效率的基本标准。

1. 速度竞争：让时间为团队产生综合效率

提高速度是节省时间的重要条件。在流水线上，如果一个工序因为时间拖延影响了工作进展，整个流水线的效率就会迅速降低下来。如果每一个工序都能高效利用时间，在限定完成时间前就将事情高标准完成，整条流水线的效率就会更高，业绩也更好。

2. 学会思考：告别穷忙、瞎忙

有这样两个兄弟，大哥是个只会埋头做事的人，小弟的头脑要灵活一些。

一年冬天，两兄弟在农田浇灌小麦，结果喷灌机的输水软管在一个接头处开了。大哥慌忙去接，却怎么也接不上，输水管出水很猛，弄得大哥浑身上下透湿，事情还是没做好。小弟看到大哥很狼狈，就让大哥让开，自己去接。只见他用一只脚踩在输水软管进水一端，阻住喷涌的来水，两手很轻松地把接头接好了。

同样做一件事情，大哥不会动脑筋，花几分钟时间也没能接好输水管接头，还把自己整得很狼狈。小弟运用有效的方法，只用几秒钟时间，就完成了大哥几分钟也没做好的事情。这就是在工作中需要思考方法的意义。

有些生产干部，由于不喜欢动脑筋思考方法和捷径，把许多时间花在了穷忙、瞎忙上，业绩并不理想。

3. 对不可控的时间提前控制

有经验的生产干部都知道，生产计划做得再好，也不能确定百分百按时完成。因为有些因素是无法掌控的。

为了能让生产计划有效达成，除了加强过程控制，有经验的干部还会将完成计划的时间适当提前，预防不可掌控的问题发生。这就是提前控制不可控时间的管理方法。

第18计，总结归纳，找到高效工作的时间规律

优秀的生产干部，不但要会科学、合理地规划工作，还要学会归纳，找出高效工作的时段，减少穷忙、瞎忙现象。

1. 找出工作规律，规划工作时间

生产干部的工作性质属于脑力劳动与体力劳动相结合。生产干部怎样通过寻找规律规划自己的工作时间呢？下面分享一下我的经验和体会。

我在外资企业从事管理工作十多年，后来又从事企业管理咨询、培训工作，每天脑力劳动时间比较长。我通过做记录的方式，寻找脑力劳动精力

集中的高效时间段，并进行归纳，得出我的“~型”精力曲线图（如图 6–7 所示）。

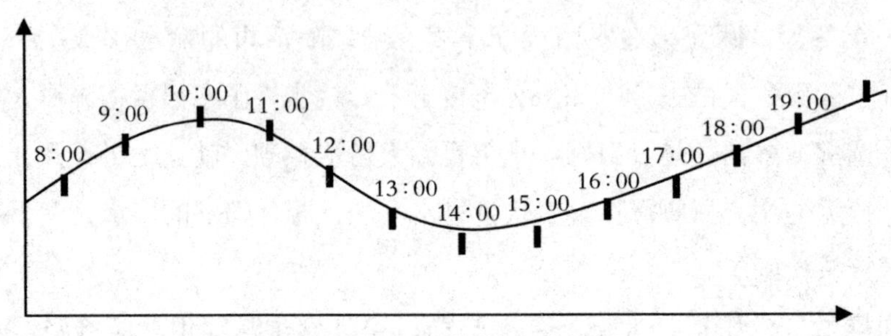

图 6–7 “~型”精力曲线图

从图 6–7 中可以看出，我的工作注意力集中的时间段是：上午在 9：00~11：00 之间，10：00 是最佳工作状态；下午在 16：003 以后，17：00~18：00 是最佳工作状态。

对生产干部来说，如果将脑力劳动的工作安排在精力充沛的最佳工作状态时段，而用其他时段处理体力劳动的工作，得到的工作效果就会更好一些。

2. 善于总结归纳，科学分布时间

对脑力劳动较多的高层管理者来说，科学分布自己的时间，利用大脑思维集中力强的时间段处理思考型工作，是有效节省工作时间、提高时间价值、提升工作效率的方法。

专家建议

善于总结、归纳的生产干部，不但能把有限的工作时间高效利用，还能从工作中享受到创意工作的乐趣。

物料管理：利润倍增的核心

掌握有效的物料管理方法，是生产干部控制现场物料浪费必不可少的手段和措施，也是降低成本、增加利润的有效方法。

第19计，强化实施物料成本控制6大措施增利润

掌握有效的物料管理方法，是生产干部控制现场物料浪费必不可少的手段和措施，也是降低成本的有效方法。

1. 强调物料过程管理与实施流程，控制物料成本

在我走访过的制造型企业，生产物料在管理过程中，存在这样那样的浪费现象，严重侵蚀着企业的利润。因此，加强生产物料在使用过程中的管理措施，严格各程序的执行效果，是有效管控现场物料的重要措施（见图6–8）。

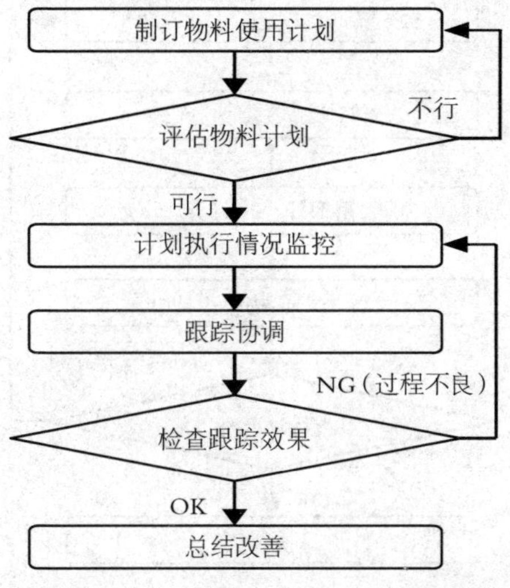

图6–8　生产现场物料管理实施流程图

2. 合理利用物料清单，规范物料成本

事实证明，生产线科学、合理使用物料清单，是降低成本、增加利润的可行措施之一。

管理规范的企业，在新产品研发时，都会制作物料清单（BOM，Bill of Material的缩写）。也有些工厂，新产品物料清单不健全，或者根本就没有建立。

新产品在研发时不制作物料清单，会给以后订单上线带来许多困扰。因为产品的零部件数据，都会在物料清单上体现出来，是制订物料计划时最重要的参考资料。

（1）了解物料的a、b、c分类。

a类物料：占种类数量的10%，价值占总金额的65%；

b类物料：占种类数量的25%，价值占总金额的25%；

c类物料：占种类数量的65%，价值占总金额的10%。

（2）物料计划的制订流程。在制订物料计划时，要参照图6–9逐项运作。

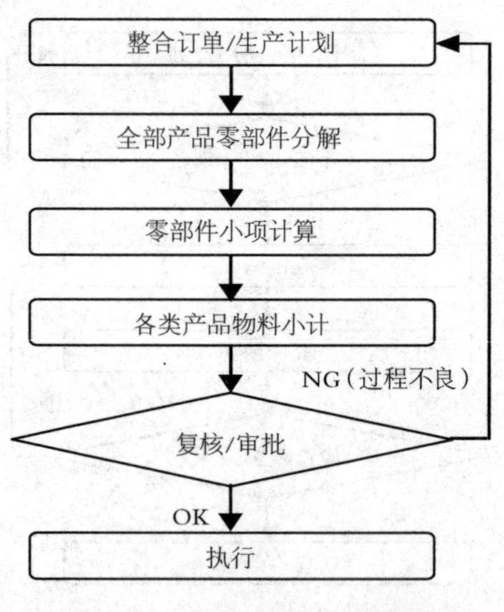

图6–9　物料计划制订流程图

3. 抓好生产物料进度，降低待料成本

物料进度顺畅与否，能不能跟上物料计划，直接左右着生产进度和制造成本，对增加利润起着至关重要的作用。

有经验的生产干部，会及时关注物料的进度情况，一旦出现问题，能迅速采取应对措施。

4. 常用物料合理设定安全存量，控制隐形成本

为避免因物料问题影响生产进度，增加企业的隐形成本，生产干部要了解物料使用情况和用量。对大宗物料和常用物料，要设定安全存量，防止意外情况发生。

安全存量数量，根据各工厂现实状况及供应商配合情况来定。

一般安全存量设定，以满足生产线3~7天用量为依据，同时要设定最高存量和最低存量。

5. 严抓现场物料成本控制，消除浪费

生产现场浪费原物料的情形很多。在控制物料成本时，要考虑以下五个方面因素：

物料不良造成的更换返修成本；

物料脱节造成的停工待料成本；

物料浪费造成的超额损耗成本；

呆料、残料、旧料、废料处理不及时造成的无效储存成本；

物料控制措施不力造成的管理成本。

在控制生产现场物料成本时，要努力达到以下要求：及时供料，不让生产线出现物料中断、停工待料现象；合理供料，不让各部门、各工序有囤积物料现象；各部门、各工序要因需存料，不让呆滞物料存留在生产线。

6. 熟悉物料管理结构图，即时掌握物料动向

优秀的生产干部，不仅要用眼睛盯住生产线的人员管理效果、产品制造状况、生产计划进度、工序衔接状况和生产运行情况，还要了解生产物料的供需信息，宏观掌握物料动向。一旦发现物料问题，要及时采取应对措施，避免因为物料异常给生产线造成损失（如图6–10所示）。

生产线干部能对物料管理结构充分了解，知道物料管理的复杂性和科学性，在生产管理工作中，就会认真、正确对待物料问题，为顺畅生产做好铺垫工作。

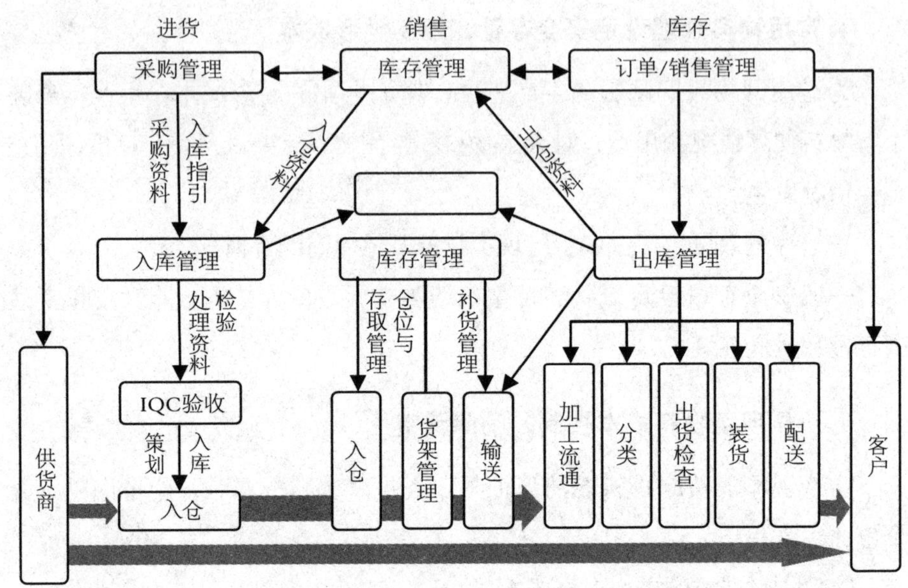

图 6–10　物料管理结构图

设备管理：为利润倍增服务

机器设备是操作员的重要助手，设备和人一样，是工厂最重要的生产力。广义的设备管理，包含内容复杂，在此，我们只探讨生产设备前期、中期、后期管理和设备成本控制。

第 20 计，前期：缩短设备磨合期增效益

不少生产干部认为设备越新越好。这是误区。由于新设备处于磨合期，生产效率和产品合格率反而不会太理想。要实现设备高质高效，一定要认真做好前期的磨合工作。

1. 操作员在磨合期的技能培养

设备在前期作业中的磨合，分为自身磨合及机器与操作员的磨合。自身磨合，是机器零部件之间进行的磨合，在工作中能自身完成。生产干部要重点关注操作员与设备的磨合。

新设备性能如何？质量如何？都需要通过磨合进行检验。所以，处于磨合期的机器设备，对操作员的技能要求比较高。生产干部应该对操作员的责任心和操作技能多加督导，让他们尽快熟能生巧。

2. 关注设备运行状况

新设备在磨合期，可能会出一些异常状况。生产干部要随时关注设备运行情况，发现问题及时采取措施处理。避免因为设备异常导致在制品不良率提升，侵蚀公司利润。

3. 建立设备档案、制订保养计划

设备档案要记录设备购进日期、性能与重要工艺参数、保养要点、维修情况、更换零部件、使用情况等信息，为保养、维修提供参考依据。

保养计划包括自主保养、月度保养、年度保养等。在保养计划中规定保养时间和相关要求，便于检查跟进。

4. 了解设备的磨损机理

常规来说，机器设备磨损存在着“曲线上升”的磨损规律（如图6–11所示）。

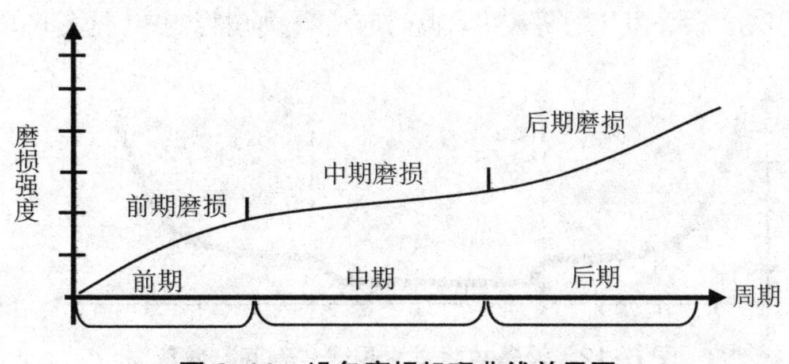

图6–11　设备磨损机理曲线效果图

从图6–11看，机器设备在前期磨损的曲线呈上升趋势，说明磨损强度较大；进入中期，曲线基本持平，说明磨损趋于平稳；到了后期，曲线又呈上升态势，预示磨损又进入高强度阶段。

在前期和后期磨损较大阶段，生产干部应多关注设备工作状况，以免出现异常状况。

5. 保证设备正常运转

保证设备正常运行，是生产干部要着力做好的工作。具体要做好以下几方面工作：

明确操作员岗位责任及自我养护标准，将日常管理责任到人；

强化管理，严防无关人员乱动机器；

部门主管要对辖区内机器设备实施统筹管理，督导并跟进设备维修部门，对管辖设备做好月度、年度检修与养护工作。

专家建议

在前期设备管理中，生产干部应着重培养操作员，严格操作规章，建立养护、管理机制。

第 21 计，中期：强化维修养护，延长寿命降成本

设备在中期磨损趋于平稳，生产效率和产品合格率达到最高，但企业在管理方面不能掉以轻心。

1. 根据设备故障发生规律合理管控

进入中期，设备发生故障较少。此时应注意预防性维护（见图 6–12 所示）。

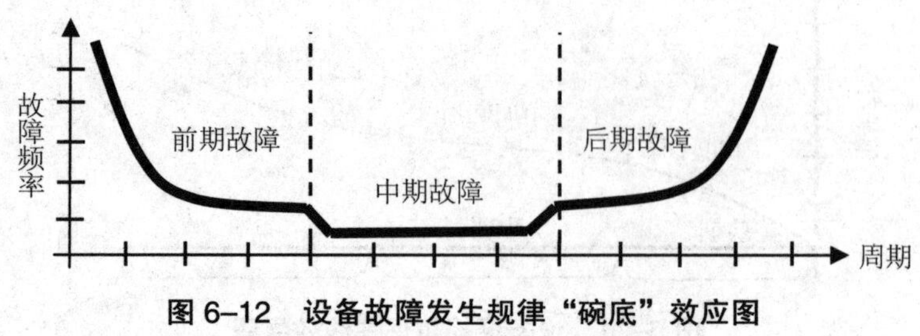

图 6–12　设备故障发生规律“碗底”效应图

上图 6–12 看，机器设备在前期发生故障较多，中期趋向平稳，后期故障频率日趋增高。

2. 强化设备保养稽核机制

及时、有效的稽核，是促进设备保养维修走向正规化的有效手段。

专家建议

设备中期管理侧重点是提高生产效率，做好点检、保养、维修等稽核工作，延长设备平稳运行期限。

第22计，后期：通过改良与组织完善增利润

设备进入后期，已逐渐老化或处于报废阶段，面临的是大量的维修、改造和更新问题。

1. 实施设备“三全管理”与“三级保养”

所谓“三全管理”，是指将全部设备纳入管理范畴，开展全方位检查，全员参与维护管理过程。

“三级保养”是建立在日常保养工作的基础上的保养制度，具体指：

一级保养：对相关设备做局部调整，使之呈良性运行。

二级保养：对相关设备实施局部解体保养，确保重要部位不出状况。

三级保养：对设备实施主体定期检查，更换磨损零部件并认真调整维护。

2. 建立设备精良管理组织

精良的设备管理效果，需要高素养、有责任感的组织来实现。因此，在公司成立设备管理领导小组，是明智的管控措施（如图6–13所示）。

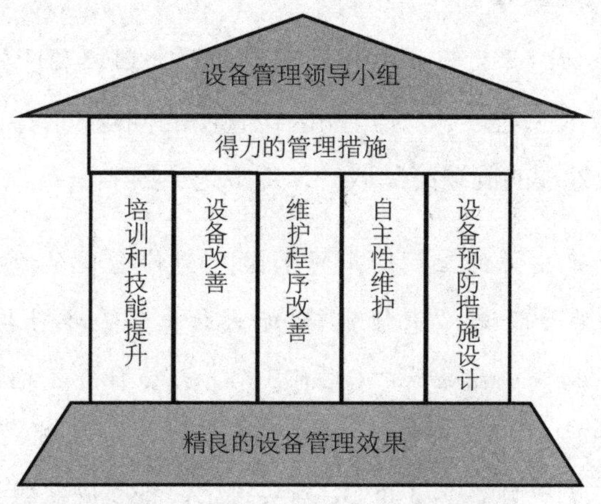

图6–13 设备管理组织效果图

专家建议

设备后期管理重在维护和改善，及时检修、加强责任感，是延长设备寿命的最佳方法。

在制品管理与成本控制：利润倍增的基石

在制品管理，是过程控制的重要组成部分，也是决定生产成本高低的重要环节。

第 23 计，运用半成品管理办法降成本

加强半成品管理，是保证成品品质和产量进度的基础。掌握半成品的管理办法，是生产干部管理技能的重要组成部分。

1. 产品数量准确要从半成品开始

深圳市龙岗区有一家台资工厂，订单要出货了，货柜车已经开进工厂，结果发现产品数量不够，要重新上线补数。

原来在生产过程中，半成品报废太多。工厂干部对数量控制缺少基本的认知，盘点工作只是走过场，以致造成如此严重的后果。

2. 确保半成品质量

我在走访企业时，发现一些工厂对制成品质量检验比较重视，而半成品的质量却少有人关心。QC在成品区检查出的问题产品，有的退货返修，有的报废。每天处理的问题产品数量，都不是小数字。

我在一家生产皮件的工厂问车间干部："为什么不在半成品生产线上设QC检验？"车间干部说："老板觉得QC人员太多，不让再在半成品区设QC。"我再问："检查成品品质的QC有3个人，为什么不抽调一两个去检查半成品呢？"他说："那3个QC，连成品都检查不过来呢。"我让他把厂长找来，厂长说："刘老师，那3个QC确实很忙，检查成品的品质非常重要。"

这样的做法，根本就是舍本求末。我建议他们马上从检查成品的3个QC中抽出2个，安排到生产线检查半成品，从源头控制不良品。并严肃地告诉厂长和那位车间干部："不从半成品着手解决品质问题，再增加3个QC，你们的品质也改善不了。"

经过这样的调整，第二天下午，成品的不良率就明显降低了。

3. 工序、部门间的半成品交接

有些企业干部存有"肉烂在锅里"的落后管理意识。工序间缺少应有的交接程序，后工序向前工序领半成品时，既不检查品质，也不作数量交接，一旦数量或品质出了问题，根本没办法落实责任人。

工序之间如此，部门之间的交接也不尽如人意。有的部门之间虽然有数量方面的交接，但品质问题却不在交接范围内。出现返工或报废时，也不落实责任。由此造成的损失，也是蚕食企业利润的重要因素。

建立工序、部门之间的交接制度，是控制制程成本的有效方法之一。

4. 在半成品进度中控制生产计划

生产干部要学会在半成品制作过程中控制生产计划。生产控制越早，对达成计划帮助越大。控制好半成品进度，完成生产计划就有了可靠保障。

第24计，采取成品管理措施增利润

生产能不能善始善终，常常体现在制成品管理效果上。掌握制成品管理措施，是生产干部的必修课。

1. 成品的品质和数量保证

品质和数量是构成订单生产的两个重要因素。

在产品出货之前，成品检验工作是把好品质关的最后关口。因此，务必做好制成品检验工作。

在产品下线之前，还要务必做好盘点工作，将数据核实清楚。等下线后发现数量不足，再上线补数，会造成很高的成本。

2. 成品的交接程序

成品交接，是生产线与仓库交接。一要严格按交接程序进行，确保数量准确；二要正确填写交接单，让交接落实在书面上。

3. 成品的管理措施

加强对成品的管理，既是对劳动成果的尊重与保护，也是对公司负责。

（1）成品堆放场地要求。

一是要求地基平整坚固、洁净干燥；二是要求排水及通风条件良好，远离污染；三是遵照方便交通运输原则，尽量节省运送成本。

（2）成品堆放方法和码放高度限制。

一是堆放方式要根据产品种类、规格、型号和出货先后次序等条件，有计划、按布局、分区域堆放；二是堆放标准，要求平直、整齐、下垫枕木或栈板，并设有醒目的标志，方便查找。

（3）成品管理安全措施。

除了加强防损坏管理外，还要做好产品防丢失工作。

第 25 计，控制在制品搬运成本

一位五金行业的生产经理在谈到搬运管理时，不以为然说："搬运成本在企业财务中占比例很少，根本不值一提。"他持这样的观点，倒也无可厚非，因为他从事的是产品性能稳固的五金行业。但在生产易碎品和液态、化工、食品的行业，情况就完全不同了。

许多生产玻璃、陶瓷、化工、饮品的中小企业，在生产过程中，由于搬运方式不正确，或缺乏规范的要求，常常导致额外增加大量的生产成本。

1. 在制品搬运方式不规范造成的成本浪费

搬运方式不规范，存在很大的隐患，可能会导致巨大的直接成本和间接成本浪费。

在一家工艺品厂包装车间，一名男员工用油压叉车拉着满满一栈板组装好的玻璃水球产品，送往包装流水线进行装箱。男员工喜欢刺激，拉着叉车跑得飞快。没想到叉车前轮被什么碎片挡一下，猛地停下来。因为惯性，栈板上的玻璃水球被甩出去很远，噼里啪啦摔碎了一大半。

因为这名男员工不遵照产品搬运规则，100多个玻璃水球被摔碎。玻璃水球是外购的，里面的内景配件是自己公司生产，由于出货期已到，前面部门几天前就下线了。出了这样的事故，工厂只好让生产线一边找出内景配件的模具重新上线，一边紧急与生产玻璃水球外罩的厂家联系，紧急订购玻璃水球外罩。生产线紧赶慢赶，还是耽误了交期。

最后，这次错误的搬运方式不但给工厂造成了产品补数浪费的人工、原材料等直接成本，还因为耽误交货期影响了企业的信誉度，造成无法估量的间接成本。

2.“大马拉小车”造成的成本

在安排搬运工作时，有些管理干部成本意识淡漠。本来少数人就能完成的搬运任务，却要安排多人。本来用小型车辆就能完成的搬运工作，结果却是“让大马拉小车”。这些都是一种资源的浪费，无形中给企业增加了许多隐性成本。

3. 在制品货物摆放不当造成的搬运成本

在没有推行6S或7S管理的企业，生产区域没有科学规划，在制品摆放混乱。为找一些产品或物料，有时候要搬移很多阻在外面的其他产品或物品。也有的是半成品摆放没按工艺流程顺序，下工序要用上工序生产出的半成品时，需要跑很远搬运。这些都严重降低了效率和利润。

4. 搬运过失导致的成本

许多生产物品需要特殊的搬运方式，一旦搬运方法不当，很容易造成严重损失。比如，稳定性较差、易燃易爆的物品，搬运时就要采取相应的保护措施，尽量保持平稳，远离火源，避免发生危险和造成不必要的损失。

第26计，控制在制品品质节约成本

企业控制在制品的品质成本，要从以下两个方面努力：

1. 走出品质的误区

生产干部要克服两种心理：一是“品质越精良越好”，二是“一点点瑕疵无所谓”。

2. 减少返工造成的品质成本

生产线返工造成的成本，是显性成本和隐性成本并存的成本浪费，也是企业普遍存在的管理过失。降低返工成本，可从以下几个方面努力：

（1）强化生产过程管理。

许多返工问题，都是生产过程控制失误造成。管理好生产过程细节，能从源头解决返工问题。

（2）执行自检与互检策略。

海尔推行自检、互检方式比较成功。这种策略既让海尔品牌名扬海内外，也极大地控制了因返工问题造成的显形和隐形成本。

（3）贯彻“三不”品质精神。

不接受不良品、不制造不良品、不流出不良品，是控制返工成本的有效措施。

（4）追究造成返工问题的责任。

让每一个造成返工问题的职员承担责任，也是控制返工成本的有效方式。

第27计，减少无序生产降成本

有序化生产既是适用式管理模式的管理重点，也是科学管理、精益管理的客观体现。而无序生产则停留在传统的、落后的经验式管理中。

下面是我总结的控制无序生产成本的三种方法：

1. 用计划引领生产，降低无序生产成本

用生产计划引领生产，是变无序生产为有序运行的科学方式。在管理

效果好的企业中，生产计划是纲，生产部门和工序是目。只有做到纲举目张，才能从根本上解决无序生产问题。

要做到纲举目张，首先要保证生产计划切实可行；其次是生产负责人要统筹兼顾，既有领导生产的魄力，又有逻辑性思考的缜密性。

2. 强化统筹与协调，控制无序生产成本

各相关部门能不能协调运作，是和生产总负责人的统筹协调能力分不开的。生产负责人要提升自己的领导能力，做到统筹兼顾和部门间的协调工作，让各部门以生产计划为核心，全力配合整体运作。

3. 科学安排“插单”，避免造成无序生产成本

在生产运行正常的时候，忽然接到某客户下的紧急订单。生产线习惯叫这样的订单为“插单”，意思就是半途插进来的订单。

“插单”是造成无序生产的一个因素。遇到“插单”时，优秀的生产干部会理性对待。

（1）评估“插单”的价值。中小企业通常存在一个接单误区，不管什么样的订单，来者不拒。事实证明，有些订单既不能给工厂带来眼前利益，也没有为以后创造价值的潜力。那样的订单，对工厂是没有价值的。

（2）科学安排“插单”。在安排“插单”时，要先捋清生产计划的进度，审慎、合理地安排“插单”。

（3）对“插单”的意义和价值，要理性、审慎评估。有价值的“插单”，一定要想办法生产。否则，就要坚决拒绝。

（4）“插单”生产，牵涉到变更生产计划，或者延长工作时间。如果“插单”安排不科学，就会影响生产计划。

第28计，控制工伤、事故保利润

一旦发生严重的工伤事故，工厂付出的代价将是非常昂贵的。这就要求管理干部必须高度重视。

几年前，小张应聘到一家纸品厂上班。他读书不多，知道在工厂不会有大的发展，就想学门技术。他听说分纸师傅的工资待遇不错，就想学习分纸技术。

正常来说，员工要想当分纸工，需要先向领导提出申请，等领导批准后才能上机学习。小张性子急，不懂得走程序。一有机会，他就跑到分纸机前，看分纸师傅怎样操作。看了几次，他就想找机会自己操作一下找找感觉。

工厂规定上午和下午上班，整点时休息10分钟。10点钟，休息铃声一响，分纸师傅关了分纸机离开岗位。小张赶忙跑过去打开分纸机电闸开关，抱起一叠纸板，学着分纸师傅的操作架势，一张一张往分纸机刀口推。推了十几张，他有点忘乎所以，结果推动的幅度没把握好，手竟然伸过了分纸机刀口……小张右手4个手指头被飞速转动的锋利分纸刀切断了。

1. 避免违规作业导致工伤成本

建立违规作业管理机制，是企业经营者和生产干部必须认真对待的管理措施。

不少中小企业，没有设定违规作业管理章程，或有章程没有执行，以致个别员工违规作业，酿成严重后果。

2. 避免疲劳作业导致工伤成本

珠三角一家纸箱厂，由于对员工疲劳作业管理不力，结果酿成严重工伤事故。一个在复合机生产线操作的员工，因为疲劳上岗，在打瞌睡时，双手被卷入滚烫的热汽缸，结果严重烫伤。硕大的水泡让人惨不忍睹，只得住院治疗。

导致员工疲劳作业的原因，既有管理方面的问题，也有员工自身的因素。生产干部要对疲劳作业引起高度重视。特别是操作机器的员工，更要杜绝疲劳上岗作业，以免造成严重的工伤事故。

3. 避免设备“带病”生产造成事故成本

东莞市一家企业，在瓦斯窑炉没有完成检修的情况下，为了赶工继续使用瓦斯窑炉进行生产，结果发生瓦斯爆炸事故。幸好窑炉周围使用的钢板足够厚实，爆炸时从顶部炸开，没造成人员伤亡。

时隔一年多，惠州一家台资企业也因使用未完成检修的瓦斯窑炉生产，造成了爆炸事故。

类似的情况在企业中并不罕见，都给企业带来了不同程度的损失。这足以引起企业管理者们的重视，并尽力避免重复发生。

4. 避免粗心大意和电线问题酿成火灾事故

由于管理干部和操作员粗心大意及电线老化引发的火灾事故，各地企业都时有发生。生产干部应该严抓安全生产，因为一旦发生灾难，将会给企业带来巨大的损失，甚至灭顶之灾。

东莞市一家外资纸品厂，由于电工在原料仓库作业时粗心大意引发火灾。尽管十几辆消防车围住着火区救火，由于仓库屋顶是“人”字形结构，水不能喷到大火上，所以效果不佳。直到屋顶被烧塌陷，火势才降下来。经过六七个小时燃烧，整个仓库几乎化为灰烬。工厂损失近亿元。

惠州市一家生产化工材料的台资企业，也因为发生火灾，引发工厂化工原料储藏罐连环爆炸，不但造成严重的人员伤亡，而且整个工厂在几个小时内被夷为平地。与该厂相邻的工厂、车间和宿舍都受到了严重毁坏。

空间管理：让细节实现利润倍增

布局决定结局。在生产现场，车间布局是否科学，区域规划是否合理、适用，直接影响到生产效率。

第 29 计，科学规划，让空间利用更高效

对空间进行科学、合理规划，既给外来参观的客户留下良好的印象，又让空间得到合理利用，为生产线使用的物料、生产出的半成品与成品的搬运和存放，带来许多便利因素。

科学规划生产空间，也是提高生产效率、控制成本的重要组成部分。

1. 保证空间规划的科学性、合理性

在规划生产空间时，应本着实用、美观、效率、方便运输、节省空间、减少搬运时间等原则，综合考量格局规划与整体效果。

我在走访企业生产现场时，常常遇到以下三种现象：

其一，规划不起作用，区域画线形同虚设；

其二，规划工作重复做，今天画好的区域画线，时间不长又毁掉重画；

其三，规划格局很不合理，与实际使用相悖。

出现上述问题的原因，一是工厂做规划是在走过场，不考虑实际使用问题；二是负责规划的人员思路不清晰，导致规划不合理；三是执行力不够，员工不按区域规划使用生产空间。

2. 作业区与存放区设计注意事项

企业在规划作业区与存放区时，要让部门主管、行政部人员和相关区域操作员参加。这样能够综合考虑规划问题。

部门主管考虑的是本部门整体区域的方便性和实用性，行政部人员考虑消防安全问题，操作员则是站在实际作业方便的角度。综合三方面意见制订规划草案，报课长或生产经理确认。

作业区规划的具体注意事项如下：

物料与半成品放置区，要合理划分；

盛装半成品的台架器具需相对集中；

残次品放置区域要设置在适当的地方。

存放区规划注意事项：

按照生产工艺流程，布局机器设备；

存放区要方便半成品及在线物料流通。

3. 生产空间“5 定”要求

定区域：明确规定各工序、各部门应使用的生产区域。

定位置：规定什么东西放置什么地方，便于保管、查找和使用。

定高度：限制半成品和成品的码放高度，既出于安全考虑，也方便查对数量。

定颜色：区域规划使用的颜色，既要醒目，又要与车间主体色调有明显差别。区域线用黄色，墙面标识和产品、物料标识牌用蓝色，不良品区域用红色，消防线用红色。

定标准：规范车间的物料、用具、台车、料架、产品的摆放标准，是落实车间规范管理的基础工作，也是配合 7S 管理的重要举措。

4. 留置消防和安全通道

按照消防部门要求，在车间内留置消防和安全通道，是预防事故、灾害发生时便于急救、逃生的保障性措施，也是减少事故损失成本的重要工作。

安全通道的宽度和位置，要严格按照消防部门要求标准留置，不得阻塞。

第 30 计，科学堆放，让空间利用更合理

生产干部要督导操作员合理使用生产空间。采用平面作业的企业，厂房高大，空中闲置多。有的企业选择加多一层堆放，对空间进行再利用，不失为一种降低空间成本的好方式。

1. 遵守半成品、物料堆放原则

产品和物料按照要求标准立式堆放，合理利用有限的空间；

在堆放物料、半成品时，要留出适当宽度的通道，方便搬运工作；

物料堆放时，要方便先进先出；

注意堆放角度，方便读取存放物品的信息标识；

半成品、物料堆放时，要严格与不良品、呆废料分开，以免混淆。

2. 分类放置，方便查找和搬运

在堆放物料和半成品时，要采用分类放置方式，为查找和搬运提供方便。

第31计，控制生产空间成本增利润的措施

大部分生产干部都有控制物料成本的概念。只有极少数干部知道，生产空间也是成本。因为大部分企业使用的厂房，是花钱租赁的。

怎样控制空间成本呢?

1. 科学分布、合理规划生产空间

首先，生产干部要引起高度重视。按照上述空间规划要求，认真进行区域规划，做到科学、合理、适用。

其次，强化7S推行与控制，做到设备定位科学、物料堆放规范、产品摆放合理、场地利用到位、搬运管理有度和工作运行有序。

2. 减少乱堆放造成的空间浪费

生产线减少乱堆放现象，应该从加强落实区划要求入手，强化7S管理的执行力度。

流程制胜：找到利润倍增的捷径

流程，是企业将战略规划转换成战果的过程或途径。好的流程，犹如一条快捷的高速公路，能为企业利润倍增添加助力，收到事半功倍的效果。

第32计，从流程入手，疏通利润增长渠道

借助流程增利润，是制造业提高效率、降低成本的明智之举。高明的现场管理者，都会对流程特别关注。如何借助流程增利润呢？具体操作程序如下：

1. 梳理现有流程

按照现有的作业顺序，逐一罗列关键节点的作业程序步骤。不漏掉任何一个关键环节。

2. 按照顺序绘制流程图（草图）

先用贴切的文字对梳理出的各关键环节进行命名，再用合适的文字对关键环节操作工艺进行详细描述。完成文字描述后，就可以绘制流程图了。因为这时候绘制的是初级流程图，用作检讨的，能看明白就行，所以不需要花太多时间和精力（见图 6–14）。

步骤	流程图	关键细节描述	备注
第一步			
第二步			
第三步			
第四步			
第五步			
……			

图 6–14　绘制流程图（草图）

具体绘制过程为：先在图表第一栏“步骤”中写序号；在图表第三栏“关键细节描述”里填写相应文字，对关键细节加以说明；在图表第四栏“备注”填写特殊的说明文字；最后，在图表第二栏中绘制流程图（初级）。

3. 检讨现有流程的合理性

这一过程必须有专业人士和现场人员参加，确保其客观、科学性。

4. 多方综合评定

要想通过流程优化实现利润倍增，还需请现场作业员、技术员、管理干部和专业人士，对现有流程的科学性、实用性、高效性进行评定，以便得到多方的配合与进一步优化。

生产流程达到了顺畅、科学、高效的水平，提高生产效率就有了可靠的保障。

第 33 计，优化流程，利润倍增要多快好省

卓越的企业和优秀的现场管理者，都善于在流程管理方面做文章。我在广东一家集团公司主导管理变革项目时，曾几次与两位索尼公司退休的日本顾问一起检讨、评审、优化生产流程。从日本顾问身上，我感受到了日本企业界人士对流程精益求精的精神和追求卓越的理念。

在为企业做咨询或为企业经营者和管理者授课时，我发现那些卓越的经营管理者都善于创新，乐意在流程优化方面投入更多的精力和时间。在他们看来，这样的时间和精力投入，是值得的，是能够得到丰厚回报的。

某大型央企分公司的总经理曾经问我："刘教授，衡量一个企业生产流程的标准是什么？"我告诉他，卓越的生产流程，应能体现出"多、快、好、省"的理念。

"多"：该流程与类似流程相比，在单位时间内能不能生产出更多的产品。

"快"：审视该流程的效率是不是达到了最快、最高的水平。

"好"：采用该流程做出的产品品质，合格率是不是最好的。

"省"：采用该流程的成本是不是最节约的。

如果您的企业或者您管理的生产现场采用的生产流程不能合乎"多、快、好、省"的理念和要求，就说明还有优化的空间。

专家建议

企业经营管理者应对生产流程不断总结、评估、优化，直到达到最佳效果。

高效执行：扫清利润倍增的障碍

良好的执行力，既是企业降低成本的重要措施，也是实现利润倍增的可靠保障。然而，在许多企业（尤其是中小企业），执行力欠缺问题表现十分突出。

执行力是重要的管理内涵。职员工作效果的差距、团队业绩的差距、企业效益的差距，实际上就是执行方面存在的差距。企业发展的速度，也常

常取决于执行的成效。

第34计，增强执行效果，将利润倍增落到实处

我在讲授“中国式执行艺术”课程中，发觉不少人把“执行力”的概念搞错了。在他们看来，执行力差，就是下属的问题，上司没有责任。

有一次，我在温州给企业高管讲授《生产效率提升与成本降低》课程。培训课结束后，一位中小企业的总经理向我咨询了一个问题。

“刘老师，我下面的干部执行力太差了。交给他们一件事情，完成结果常常达不到60分。这该怎么办？”他问道。

我告诉他：“你的观念是不对的。执行力差，不只是下面干部的问题。”

“我交给他们的任务，他们办不好，难道我还有责任吗？”他反问我。

其实，执行力差的企业，是自上至下都出了问题。

我告诉他：“员工执行力差，既有心态、能力、责任感、价值观等主观原因，更有领导者选人不当、管理不力、措施不好、缺少授权、检查欠缺、支持不够、激励欠缺等客观原因。”

对执行力差的企业来说，要实现利润倍增，强化执行力，落实执行效果是当务之急。

1. 查找执行力差的“源因”，转变思想，让执行不打折扣

一些管理干部在查找执行力差的“源因”时，常常浅尝辄止，抓不到问题的核心和源头。

在落后企业中，有不少干部和员工，思想上都存在着“60分及格，80分万岁”的心态。不管做什么事情，总是抱住“差不多”就行的心理。这样的思想意识，造就了他们“大而化之、马虎从事”的工作态度。也有一些职员牢骚多、抱怨多，思想消极。

针对类似情况，企业要多花精力转变职员的思想意识，从更新观念开始。

（1）倡导追求完美的做事态度，并加强细节管理。

（2）做好职业化教育培训，转变消极心态。

2. 建立明确的工作目标和奖惩制度

缺少明确的工作目标和奖惩制度，工作没有整体规划和科学计划，员工积极性调动不起来，也是制约利润增长的关键因素。

建议公司领导积极帮助下属建立明确的工作目标，让每一个员工的工作都有章可循，有律可遵。并完善奖惩制度，让为企业做出贡献的积极分子得到应有的荣誉和实惠。

3. 克服虎头蛇尾的做事方式

做事情虎头蛇尾或有头无尾，不能善始善终，也是欠缺执行力的表现。

遇到这种情况，可以从以下三个方面落实：

（1）对上司交办事项进行阶段性总结。先总结前面的完成效果，查找问题或差距，接着制订下一步工作计划。

（2）交办方进行阶段性跟进。在跟进过程中检查工作完成的质量。

（3）建立稽核机制。安排专人稽核执行人的完成效果。

4. 落实“检查跟进”措施

我们先来看一个案例：

在一家台资企业，经理告诉行政部负责人，让清洁工每天将会议室的桌子擦3遍。开始时，清洁工按照要求，每天都把会议桌擦3遍。一周后，他发现不管自己怎样擦，都没人管没人问。于是，清洁工将3遍减为2遍。头两天，他偷偷观察，根本没人会问会议室的桌子到底是擦3遍还是2遍。于是，他将擦桌子的次数定为2遍。又过了一周，还是没人管没人问。于是，他干脆将2遍减为1遍。再后来，他连1遍也不擦了。每逢开会的时候，经理就安排值勤保安喊清洁工临时擦一下。

看完这个案例，你有何感想？也许有管理干部会痛骂这位清洁工得过且过，执行力差。那么，我要反问一句：“难道这样的结果只是清洁工一个人造成的吗？”

不少领导者把工作任务交给下属去办，自己喜欢当“甩手掌柜”，既没有跟进措施，也不检查工作质量。最后他还抱怨：那家伙执行力太差！

再看一个与此相反的案例。

我在瀛通国际集团主导管理变革时，该公司从写字楼大堂到会议室，到楼梯扶手，再到洗手间，都非常干净整洁，让人觉得非常舒服。为什么呢？

第一，将清洁工的工作具体化。公司规定，写字楼的洗手间，每2个小时冲洗1次，喷洒1次空气清新剂。会议室桌子和地面卫生，上午和下午各打扫1次。大堂地板每2个小时用拖把拖1次。楼梯台阶，上午和下午各打扫1次。楼梯扶手，2天必须彻底擦1次。

第二，检查机制完善。公司规定二级检查制度：

一级检查，是由写字楼文员轮流检查清洁工的工作质量，每2个小时检查1次。每一处检查地点，都设有检查清单，检查人员必须认真、如实填写。

二级检查，由行政部门安排人员轮流进行，采用不定时方式，每天1~2次。这是针对一级检查人员的检查。

由此可见，完善的检查和跟进制度，是良好执行效果的保障。从这件小事上，也可以看出瀛通国际整个集团公司卓越的执行力。

5. 培养员工技能，消除消极心态

员工执行力不足，通常存在两个原因：一是心态消极，不愿配合上司的工作；二是技能不足导致执行力降低。对此，管理干部要从以下三个方面努力：

通过教育和谈心的方式，端正员工的心态；

通过OJT方式，提升员工的操作技能；

倡导自我OJT，鼓励员工自我提升工作技能。

6. 提升干部领导力

管理干部的领导力欠缺，是造成执行力低下的重要因素。车间干部应从提高自身职业素养和管理能力入手，全面提升自己的领导涵养和管理效果。

第35计，避开执行误区，用结果验证执行力

中国企业执行力的误区，集中表现在以下三个方面：

误区一：执行，是下面人的职责

许多企业的管理干部，把执行力看作是下面人的事。他们只知道感慨、埋怨下面的人缺少执行力，却不会从自身查找问题。

珠三角一家生产橡胶垫的民营企业，总经理要求干部在开会时关闭手机。生产经理在给生产线干部开会时，专门强调这个事情，说起开会关闭手机的意义和重要性时振振有词。奇怪的是，他自己却没有关手机的意思。

上行下效。生产经理在开会时不关手机，下面的课长、组长，没有一个关闭手机的。总经理提出开会关闭手机的指令，在生产部门根本没有得到执行。

问题出在哪里？当然在生产经理身上。他认为执行总经理指令，是下面干部的事情，自己是经理，不应该受到约束。

误区二：忽视“宣传发动”的重要性

要加强执行力，首先需要解决认识问题。不从思想上达成共识，执行效果就会大打折扣。

有一家民营企业，管理比较松懈。老板想让管理正规起来，就聘请了一位行政经理，推行规范化的管理制度。新人入职，往往急于表现。经理很快便从手头的管理制度范本中挑选了一个自认为适合的车间管理制度，稍做修改，就打印给老板看。老板觉得这个制度比较规范，也很全面，就同意使用。经理马上安排行政文员将新车间管理制度打印几份，张贴到厂区公告栏和各车间公告栏，要求两天后全面执行新制度。

新管理制度执行第一天，行政经理亲自带领行政部人员到车间督导稽核。第一天果然有很大起色。行政经理晚上向老板汇报，老板很高兴。第二天，经理又带领行政部人员到车间督导稽核。连续督导3天，行政部人员开始抱怨了。因为他们都有自己的工作要做，白天把时间泡在车间做稽核，自

己的工作就要晚上加班做。行政经理是新来的，不敢得罪下面的人，只好让行政部人员回办公室，自己在车间稽核。他一个人又稽核了2天，“新官上任三把火”的劲头慢慢过去了，稽核次数越来越少。一周后，新车间管理制度取得的执行效果开始减退。两周后，基本回到了原来的状态。

这就是缺少“宣传发动”的最终结果。如果这位行政经理在新制度推行之前，先组织相关部门认真学习，做好新制度的宣传工作，让大家认识到新制度的重要性与合理性，然后再导入稽核、奖惩措施，那么新制度的贯彻执行定会顺利很多。

误区三：过度夸大“执行力技巧”的作用

一些讲执行力课程的讲师，过分强调“执行力技巧”，其实是刺激企业老板眼球的噱头。许多执行力和管理技巧，在西方企业有效，运用到中国企业，未必能收到效果。

有些企业老板，觉得听听执行力技巧，就能解决执行力差的问题了。结果常常让他们大失所望。因为执行力技巧运用要因人而异、因时而异、因地而异、因事而异。

一个人、一个部门、一个企业的执行力强弱，最好是把执行的结果拿出来检讨。结果与预定目标差距越大，越要认真检讨执行的环节，并严格改善。必要时，可借用PDCA循环法，制订改善计划、实施改善计划、查找存在问题、循环改善，直到收到理想的效果为止。

第36计，高效执行力是利润倍增的重要保障

管理干部掌握提高执行力的方法，对提高业绩大有裨益。

1. 加强个人执行力培养

加强个人执行力培养，要从以下几方面做起：

（1）企业干部首先要加强自身执行力。

自身执行力提升了，上行下效，部属的执行力就顺理成章地提升起来了。

（2）培养自动自发和承担责任的意识。

我们接受上级交办的任务后，要勇于承担责任，充分发挥主观能动性，想尽一切办法把工作做好。

（3）提升创新和应变能力。

创新和应变，是管理干部职能中两项重要能力。

（4）培养团队合作精神。

管理干部只有善于合作，才能把工作中的问题处理好。

（5）强调学习与自我提升。

学习是最好的执行力和竞争力。

2. 掌握提升个人执行力关键点

（1）要学会管理自己的工作：

合理安排时间和工作日程，学会抓关键环节；

提高工作效率和决策效果，不拖延工作，不做无效决策；

要懂得授权，有些事情应该分解给下面人做的，就不要事事亲力亲为。

（2）掌握高效工作的方法：

实施自我OJT，提高工作技能；

吃透上司的意图，跟紧上司的步伐，做高效工作的践行者。

（3）要快速行动，不找借口。

要克服推卸责任的心态，对上级交办的工作任务，要快速行动，不要让借口羁绊自己。

（4）细心做事，减少返工时间。

3. 做好宣传发动的铺垫工作

团队完成的工作任务，要在行动前做好沟通工作，在达成共识的基础上，寻找更好的工作方法。不让下属带着情绪参与工作。

4. 发挥管理者在执行时的作用

团队执行任务时，管理干部要从以下六个方面履行职务角色：

发挥管理者的表率作用；

对部属做深层次了解，吃透下属的情况，有利于工作安排和高效执行；
注意适人适岗的重要性，将合适的人安排在合适的岗位上；
确定工作目标和完成顺序，“眉毛胡子一把抓”是高效执行的大忌；
做好沟通工作，避免断层现象；
加强过程跟进，留意工作中的关键环节和细节。

5. 掌握执行力六大步骤

下面是我总结的执行力的六大步骤（如表6–13所示）。

表6–13 执行力六步骤

工作目标	落实责任	1. 落实责任人	选择适合的执行人
		2. 确定完成时间	确定阶段性完成时间和整体完成时间
		3. 奖惩	制定完成任务的奖惩措施
	做出承诺	1. 签名	让责任人在计划书上签名
		2. 公开	将签名的计划书公开
		3. 目视	在适当的位置张贴
	导入检查措施	1. 检查时间	明确检查时间或不定期检查
		2. 检查人	检查人和责任人不能是亲友或敌对关系，确保客观公正
		3. 检查结果	检查结果在适当范围公开
	及时激励	1. 即时	注意激励的时效性
		2. 放大	适度扩大激励的影响
		3. 存档	作为以后晋级的依据
	结果分享	1. 个人总结	最好以书面形式表现
		2. 团队分享	让相关人员分享经验与教训
		3. 新的计划	计划要切实可行
	寻求改进	1. 制订改进计划	计划的可行性
		2. 实施计划	及时执行计划
		3. 查核改进效果	关键环节检查
		4. 改善	依照PDCA循环继续改善

6. 用好稽核这个法宝

对执行者的稽核，是以事管人的管理手段。大部分下属不会积极去做管理干部期望的工作，而是不得不去做管理干部要检查的工作。由此可见，稽核措施是加强执行力的有效法宝。

在导入稽核措施时，要注意三个问题：

物色好稽核人选，确保公正性。稽核人和被稽核者既不能是亲友或敌对关系，也不能让八面玲珑的人员做稽核工作。

稽核要突出重点和实效。如果对各个的细节都进行稽查，会造成人力浪费。

运用好稽核管理工具。在稽核前，可先设定适用的表格，将稽核人、稽核要点、稽核结果、稽核频率等信息显示在稽核表中，方便检查时使用（如表 6–14 所示）。此表格适合制造业使用。其他行业可根据具体情况，灵活调整表格栏目及内容。

表 6–14　稽核事项参照表

<table>
<tr><th colspan="12">项目稽核表</th></tr>
<tr><th colspan="3">稽核类别</th><th rowspan="2">稽核项目</th><th rowspan="2">物品数量</th><th rowspan="2">抽样数量</th><th colspan="2">稽核时间</th><th rowspan="2">稽核结果简述</th><th rowspan="2">稽核人</th><th rowspan="2">会同人</th><th rowspan="2">备注</th></tr>
<tr><th>日常</th><th>定期</th><th>不定期</th><th>起</th><th>止</th></tr>
<tr><td></td><td></td><td></td><td></td><td></td><td></td><td></td><td></td><td></td><td></td><td></td><td></td></tr>
<tr><td></td><td></td><td></td><td></td><td></td><td></td><td></td><td></td><td></td><td></td><td></td><td></td></tr>
<tr><td></td><td></td><td></td><td></td><td></td><td></td><td></td><td></td><td></td><td></td><td></td><td></td></tr>
<tr><td></td><td></td><td></td><td></td><td></td><td></td><td></td><td></td><td></td><td></td><td></td><td></td></tr>
<tr><td></td><td></td><td></td><td></td><td></td><td></td><td></td><td></td><td></td><td></td><td></td><td></td></tr>
<tr><td></td><td></td><td></td><td></td><td></td><td></td><td></td><td></td><td></td><td></td><td></td><td></td></tr>
<tr><td></td><td></td><td></td><td></td><td></td><td></td><td></td><td></td><td></td><td></td><td></td><td></td></tr>
<tr><td></td><td></td><td></td><td></td><td></td><td></td><td></td><td></td><td></td><td></td><td></td><td></td></tr>
<tr><td>说明</td><td colspan="11"></td></tr>
</table>

企业实现利润倍增，也是同样的道理。既要从整体宏观着眼，制订切实可行的利润倍增计划、措施，又要从局部细节着手，做好具体的成本控制、实施执行工作。

后记

在经济萧条的大环境和微利时代的大背景下，尽管企业利润越来越薄，竞争压力越来越大，可许多企业的有形成本及无形的浪费却有增无减，严重侵蚀着企业的利润。

前些年给企业家和管理人员授课时，我也像其他讲师一样，曾多次慷慨激昂地强调“企业要发展……要进入中国 500 强、世界 500 强”之类的大道理，觉得那样才高端、大气、上档次。

近十年从事企业管理咨询和培训，随着阅历增加，听到、见到了许多企业因为没有利润，资金链断裂而倒闭，才明白一个真理——利润，是企业经营者的永恒追求！

近些年，一些企业经营者和管理者在培训班上和管理著作中，听到、学到很多高端、时尚的管理模式和管理理念。有些企业经营者甚至不顾企业实际情况，盲目跟风推行日本、西方的管理模式。结果高端、流行的管理模式没有推行成功，企业原本的优势反而丧失殆尽。

那些貌似高端、时尚的管理模式和经营理念，如果不能与中国企业实际状况相融合，是起不到提高效率、降低成本、增加利润的作用的。

之所以写这本书，就是想引导读者结合民族工业特点，使用适合企业“企情”的正确、适用、有效的管理措施和控制手段，从细节入手，采用适合、有效的管理方法，把有形的、无形的浪费管控到位，挖掘出企业的利润空间。

消除企业中有形和无形的浪费，需要解决管理人员的两个问题：一是强化对成本和利润的认识，二是掌握控制成本、提高利润的方法。

本书重点讲授了企业降低成本、增加利润的有效方法。如果说《适用的才是最好的：中小企业管理之道》是指导企业经营管理者如何通过强化管理导入适用式（SYS）管理模式，打造高效、规范的本土企业的话，那么，《微利管理》则是向经营管理者讲授微利时代降低成本、让利润倍增的可行措施。

这本书中没有那些振聋发聩、高端大气的理论和口号，更多的是想唤醒企业经营者回到现实，绷紧利润这根弦；让管理者学会科学控制、降低成本、提高利润的技能；让企业先生存下去，站稳脚跟，为发展、强大打好基础。

刘靖